Todos los libros de Linkgua Ediciones cuentan con modelos de Inteligencia Artificial entrenados por hispanistas. Pregúntale al chat de tu libro lo que desees acerca de la obra o su autor/a.

Para ebooks: Accede a nuestro modelo de IA a través de un enlace.

Para libros impresos: Escanea el código QR de la portada con tu dispositivo móvil.

Obtén análisis detallados de nuestros libros, resúmenes, respuestas a tus preguntas y accede a nuestras ediciones críticas generativas para una experiencia de lectura más enriquecedora.
La transparencia y el respeto hacia la autoría de las fuentes utilizadas son distintivos básicos de nuestro proyecto. Por ello, las respuestas ofrecen, mediante un sistema de citas, las fuentes con las que han sido elaboradas.

Diego Torres de Villarroel

Uso y provechos de las aguas de Tamames, y baños de Ledesma

Barcelona 2025
Linkgua-ediciones.com

Créditos

Título original: Usos y provechos de las aguas de Tamames, y baños de Ledesma.

e-mail: info@red-ediciones.com

Diseño de cubierta: Michel Mallard.

ISBN rústica ilustrada: 978-84-9816-159-5.
ISBN tapa dura: 978-84-1076-052-3.
ISBN ebook: 978-84-9897-661-8.

Sumario

Brevísima presentación

La vida

Diego de Torres Villarroel (Salamanca, 1693-1779). España. Hijo de un librero, estudió con una beca en la universidad de Salamanca y llevó una vida de aventuras. Fue soldado, buhonero, diácono, autor y editor de almanaques astrológicos que firmaba con el seudónimo de El Gran Piscator de Salamanca, catedrático de matemáticas, exorcista y, finalmente, sacerdote. Francisco de Quevedo influyó en su obra literaria, y en su visión crítica de la sociedad de su tiempo.

Dedicado a la señora doña Alfonsa Prieto de Haedo Texeda y Sotomayor

SEÑORA.

La fuente famosa (que llaman de Roldán los moradores de Tamames) es un tesoro fecundo, y un mineral inagotable que quiso Dios poner en los territorios donde V.S. es legítima Señora, para añadir venturas, bendiciones y felicidades a su ilustrísima Casa. Son sus aguas un sabroso y purísimo bálsamo en donde recobran los desgraciados de la salud el sosiego natural de sus humores, la restauración de su vida, y una robusta resistencia contra los achaques, corrupciones y tumultos a que está condenada nuestra miserable debilidad. Las virtudes de la agua angélica, los beneficios de la vital y las gracias de la óptima, todas las contiene el agua de Tamames; pero más depuradas y absolutamente libres de las ingratitudes y defectos que se tocan en las más puntuales separaciones del Magisterio de la Química. A otras casas y a otros sujetos ha dado Dios distinciones y títulos de especialísimo carácter, para que el mundo los venere y separe del gran montón de la vulgaridad; pero este que ha concedido a V.S. (entre otros muchos) es el más útil y el más apreciable de todos, porque ha puesto en su arbitrio y en sus manos el agua de la vida.

En este breve cuaderno escribo con estrechez (pero arreglado a verdaderas y repetidas experiencias) el descubrimiento, bondad, uso y utilidades de estas aguas, y ha mirado solo a dos fines mi atención cuidadosa. El primero ha de mostrar a V.S. al mismo tiempo que mis veneraciones y afectos el gran tesoro que tiene casi ignorado en sus hermosos y fecundos términos, para que V.S. consuele a sus medrosas sospechas cuando la asalten las vivísimas aprehensiones que suelen turbar su espíritu, con la consideración de que tiene en su poder la medicina universal de las dolencias: y lo segundo para que cedan en beneficio público de los sanos y enfermos las reglas y los avisos que han podido proponer como útiles mis bien intencionadas observaciones. Si consigo el uno y otro fin, he logrado dichosamente el tiempo y el trabajo; y si no me consolará la fortuna de haber sido el primer observador que ha separado los principios, para conocer la naturaleza de estas aguas; y el único también que ha puesto a los pies de V.S. un culto tan propio, tan debido y tan inexcusable.

Yo no podía dedicar este libro a otro sujeto sin hacer a V.S. una irreverente injuria, y un agravio irremisible, porque siendo tan Señora de mi voluntad como lo es de Tamames, y tan dueño de mis veneraciones, trabajos y tareas, como de sus Lugares y términos, era injusticia quitar de sus pies lo que por tantos años y derechos la pertenece: por lo que suplico a V.S. que recoja este Libro, no como culto de mi veneración, ni como voto de mi rendimiento, ni como elección de mi libertad, sino como pertenencia legítima y feudo preciso de quien ha jurado una perpetua servidumbre a sus insinuaciones y preceptos.

Nuestro Señor guarde a V.S. muchos años como deseo, y me importa. Salamanca 28 de Febrero de 1744.

SEÑORA,

B.L.P. de V. S. su rendidísimo siervo,

El doctor don Diego de Torres.

Prólogo para todos, y especialmente para los enfermos que hayan de tomar las aguas que sirven de asunto a este breve Librito

Describo en este tratado las enfermedades que se curan con las aguas de Tamames y baños de Ledesma; y advierto también las dolencias que se ensoberbecen más con unas y con otras. Las descubro y las nombro para que el Médico advertido examine por la confesión de los enfermos sus circunstancias, ocurrencias, síntomas, vejeces, y las demás condiciones con que suelen estar complicados los achaques. No me detengo en definir, dividir, ni argumentar como Físico porfiado; ni en aumentar aforismos, ejemplos, ni autoridades, porque es gastar tiempo y papel sin utilidad alguna. Como práctico, mecánico y observador riguroso doy a los enfermos que hayan de beber unas, y bañarse en otras, un ajustado y provechoso regimiento, una dieta segura y poco impertinente, un moderado orden de vida para la curación y después de ella, y unos consuelos y esperanzas racionales para lograr la salud y la serenidad en el ánimo, para aburrir las aprehensiones, y no dar entrada a las melancolías. Pongo también los preceptos en voces usuales y doctrina clara; de modo que el enfermo más rudo podrá entender y gobernar su cuerpo y sus achaques sin más Médico ni más aforismos que el directorio de estas hojas; y en esta intención he fundado toda la utilidad de la doctrina.

Hablo también generalmente de la bondad y la malicia de todas las diferencias de las aguas, porque deseo que sirva este Librito, no solamente a los enfermos, sino también a los sanos; y en las aguas de Tamames y de Ledesma, como en principales ideas demuestro las partes que las componen, los efectos que pueden producir, el tiempo, modo y condiciones de recibirlas. Este tratado debía ser asunto de algunos de los Doctores Médicos de la Universidad de Salamanca, porque éstos están continuamente remitiendo a muchos hipocondríacos, caquécticos, opilados, y a otros achacosos a estas aguas, y ellos sabrán cómo, y a qué los envían; pero ya que a ninguno de los que remiten los quieren dar más avisos ni preceptos que los que reciben boca a boca, yo he querido dárselos por escrito, para que cada enfermo se lleve consigo un Doctor barato; pues no todos los que van a beber o bañarse, pueden llevar asalariado un Médico. Es muy culpable este descuido en los Doctores, porque era justo que no se ignorase la virtud, uso y provecho de estas aguas, estando tan cerca de una Universidad tan gloriosa, de la cual no ha salido más proyecto que un Libro de cinco pliegos de letra gorda que escribió, mandado del Real Consejo, el Doctor Colmenero sobre los baños de Ledesma; está muy docto, muy facultativo y con muchos latines; pero poco inteligible para los enfermos pobres. Mucho importaría a la salud pública que los Médicos Partidarios escribiesen las virtudes, usos y provechos de las fuentes de sus Países y Partidos; pues de tantas y tan maravillosas como hay en nuestra España, no tenemos más noticia que una general y confusa, que por relación escribió el Doctor Limón. Yo he querido que no estén ocultas estas dos célebres, cercanas a mi País; porque me ha parecido desaliñada flojedad y pereza infame no abrir a todo el mundo estos tesoros. Descubra cada Profesor los que tuviere en su tierra, y logrará lo que yo espero, que son muchas gracias y bendiciones de los infelices achacosos, aprehensivos y enfermos. A Dios Amigos.

Del uso y provechos de las aguas de Tamames, y baños de Ledesma, y primeramente del agua común y sus diferencias

Los generosos nombres de agua de la vida, agua óptima, admirable, angelical, áurea y otros de semejante nobleza con que bautizan los Químicos a sus composiciones, los han hurtado indignamente al agua pura elemental, porque solo a su generalísima virtud le son propios y peculiares tan hidalgos apellidos. Las substancias purgantes, concocuentes, refrigerantes y confortantes que desean creamos en sus mixturas, las tiene más visibles el agua usual que compuso Dios, Médico de los Médicos, para conservación de nuestra vida, recreo de nuestro gusto y único alivio de nuestras ansias y dolencias. Las sales, las tierras, los azufres, los mercurios, y los demás principios que rebuscan y destilan de los cuerpos animales, vegetales y minerales para la composición de ellas, todos y otros infinitos que no penetra ni conoce nuestra Filosofía, los goza el agua que bebemos. La mordacidad de los carbones, la blandura de los betunes, la penetración de los nitros, la prontitud de los azogues, y todas las fuerzas de que están vestidos los demás habitadores de la media región de la tierra, de todas participa y se inficiona; porque por los conductos y canales por donde se resbala a la superficie, va chupando y reduciendo a su esencia mucha porción de sus imperceptibles y admirables substancias. En los ríos, pozos, fuentes y lagunas, presentada al comercio del aire, recibe y retiene del mismo modo las individuas condiciones de los Astros, las dulzuras del viento, la fragancia de las hojas, y finalmente, con las infinitas preciosidades de la vegetación, los frecuentes soplos de los animales que la sorben, y los útiles desperdicios de cuantos se producen, se bañan y recrean en sus centros y corrientes; de modo, que el agua en mi comprehensión no es otra cosa que un líquido poderosamente inficionado de las virtudes de las Estrellas, los vientos, los metales, las ramas, las semillas, los brutos, y de cuantos entes son visibles y conjeturables en todo el ámbito inferior y superior del mundo.

Agua óptima de la vida llamó Floravanto a un licor extraído de la canela, ligno aloes, nuez moscada, cardo bendito, y otras hojas, troncos y raíces; cuya virtud juraba que era poderosa para detener la vejez y conservar la juventud sin las ofensas de los achaques. Fuklero, Ranzovio y Andernaco, hombres de singular detención en la Física, pero muy crédulos y aficionados a vender sus recetas, compusieron otra de la peonía, genciana, salvia, mordiscos de diablo, espliego, sabina, pimienta, oro calcinado, mercurio, y otros metales y simientes; y de ella afirmaban que valía contra los venenos, las rabias, las bubas, las pestes y todas sus diferencias y malicias. Yo he recibido siempre como antojadizos y engañosos los aplausos y los Créditos de estas aguas; y si son posibles en ellas los prodigiosos efectos que nos describen en sus Antidotarios, mejor se deben presumir, y con más confianza sospechar en el agua potable de los ríos, los pozos y las fuentes; porque ésta recoge en sí los mismos elementos que ellos trituran, calcinan y evaporan, y naturalmente los separa con más discreción, y sin tanto desperdicio de sus bálsamos, como el que padecen en sus alambiques, morteros y retuertas. Raro será el hombre curioso que no pueda hablar en favor de este sentimiento, porque habrá observado las veces que ha bebido, que en unos lugares es el agua gruesa y salada, en otros leve e insípida; una fuente se la habrá dado agria, otra dulce; un pozo blanca, otro verde; un arroyo cálida, otro fría; un lago hedionda, otro inocente; no siendo otra la causa de esta variedad de sabores y coloridos, que la diferente porción de azufres, sales y betunes de que se rodea en los extraños conductos por donde pasa o se detiene. Los distintos terrenos donde se aparece, y las varias cualidades que se le pegan en su tránsito, y en su detención, hacen al agua saludable, medicinal, venenosa, agradable o ingrata; y sin más alteraciones ni más diligencias que buscarla en los varios sitios donde se presenta en ríos, lagos, fuentes o cisternas, encontrarán los enfermos y los sanos más sabrosas las medicinas contra sus dolencias, y más eficaces los preservativos de su sanidad y su deleite.

Esta agua única, derribada de la elemental, y aparecida en las varias roturas de la tierra, es la que solo merece los nombres de agua de vida, agua saludable, agua regia, y los demás con que honran los Físicos a sus sospechosos y mal nacidos licores; porque en ella sola hay capacidad y virtud para expeler todos los males, y gozar de todos los alivios y refrigerios oportunos a la humana naturaleza. Alguna vez pueden convenir a uno o a otro enfermo específico, y de apropiado temperamento las aguas que componen los Quimistas; pero el agua usual sirve y remedia a todo género de dolientes y bien acomplexionados, sean colcricos o melancólicos, flemosos o sanguíneos, porque para todos fue criada, y para todos está prevenida, dispuesta, congenital y conforme a sus achaques y templanzas.

Sirve el agua usual potable para la nutrición y aumento del cuerpo humano, y para tener en orden apacible y sosegada obediencia toda la economía de su máquina; porque su benigna humedad ayuda a separar y distribuir el alimento después de cocido en el estómago, facilita el círculo de la sangre, dispone las impuridades excreménticas; de modo, que la naturaleza las puede arrojar sin molestia por los canales y caminos que tiene destinados para estas expulsiones. Prepara el ácido, abre las ganas del comer, conforta el estómago, ablanda el vientre, modera la violencia del movimiento y la acción con que el calor natural trabaja en la formación del húmedo substantífico, reprime la voracidad corrosiva del ácido exurino, rebate la furia precipitada de la cólera, templa el ardor de las entrañas, oprime las exaltaciones del suco pancreático, humedece benignamente al celebro, produce sueño agradable, y parece que recrea a toda el alma; pues entre las ansias de una sequedad ardentísima encuentran los sedientos en su frialdad y humedad un refrigerio imponderable, un alivio dichoso, y un felicísimo descanso. Todos estos efectos son innegables, porque continuamente los experimentamos en nosotros mismos; y todos estos y otros que se escapan de nuestra contemplación y cuidado, hace el agua cuando es buena; pero si es mala, esto es, cuando está inficionada de sales venenosas, sucos malignos, y otros accidentes de los que recibe en los tránsitos por donde se cuela, o en las bocas donde se aparece, entonces desazona al estómago, pervierte el cocimiento de los alimentos, produce hipocondrías, males de pecho, de riñones, de orina, y otros daños y achaques, según es la malicia de sus cualidades y venenos.

El agua para ser buena y provechosa, ha de ser pura, limpia, clara, descolorida, reluciente, insípida, sin olor alguno, tenue, delgada y leve, de modo, que con prontitud reciba las impresiones del frío y del calor, y que fácilmente puede bajarse a los hipocondrios, y distribuirse con ligereza por el cuerpo. El examen de su claridad, pureza, desabrimiento, e inocencia, o malicia del olor, lo pueden hacer los ojos, la boca y las narices; pero para conocer lo tenue, lo delgado y lo leve, son necesarias otras experiencias, que no las puede practicar el gusto ni el olfato. Los Autores Médicos y Físicos refieren muchas; pero bastarán las siguientes, para que el más escrupuloso quede asegurado de su bondad. Aquella agua en que se cuecen con facilidad las legumbres se debe tener por buena, porque tiene las propiedades de lo leve, y lo tenue, porque este género de vegetables no se deja penetrar de las aguas gruesas y pesadas. La que deshace brevemente al jabón, también se debe contar entre las aguas tenues y delgadas; finalmente el que deseare saber cuál sea la más sutil, ligera y delgada, tomará dos pedazos de lienzo de una misma tela, iguales en longitud y latitud, y los remojará cada uno de ellos en su agua; pondrálos luego a enjugar, y el agua que primero se secare, ésa será la más leve y delgada; y después de enjutos, sujetándolos al peso, se hallará que el que quedase menos pesado, fue el que se mojó en el agua más tenue y más delgada. Bastan estos breves experimentos, además de los que pueden hacer nuestros sentidos.

Aunque el agua es una sola y un elemento, por cuanto recibe en la circulación por las venas del gran cuerpo terráqueo varias cualidades y condiciones, se dice, que son muchas y diversas las aguas como la del río, fuente, laguna, cisterna, lluvia, nieve, granizo y de pozo. Y siguiendo este común modo de explicar sus excelentes virtudes e impresiones, trataré de cada una en particular con la claridad posible. La elección de la agua que se ha de beber para medicinarse o para nutrirse, y el modo, el cuándo, y la templanza con que la han de tomar los sanos y los enfermos, son esencialísimas condiciones para mantener y cobrar la salud; por lo que trataré de cada una en particular para los unos y los otros, y sea la primera el agua de la fuente.

Del agua de fuente

Porfiadas disputas se encuentran entre los Autores Físicos y Médicos sobre la bondad y primacía de las aguas. Unos pretenden dar el primer lugar al agua de la fuente; otros a la de la cisterna, fatigándose en buscar razones metafísicas para defender cada uno su partido. Yo (discurriendo más groseramente) aseguro, que el agua que tuviese las condiciones de limpia, clara, luciente, insípida, tenue, leve y delgada, sea de fuente, pozo o cisterna, es la mejor para el uso de los cuerpos sanos o enfermos. Muchos pozos dan el agua con estas bellas propiedades, y muchas fuentes la dan turbia, cenagosa, pesada y sucia, y aunque los más Autores favorecen a la agua de la fuente, y la aconsejan por más sana, no se debe anteponer a la del pozo. Es verdad que las fuentes, por lo regular, tienen el agua más clara y más insípida que la de los pozos, que suele ser salobre y cenagosa, por esta razón quieren dar la primacía a la agua de la fuente; pero lo más seguro es examinar su bondad, sin atender a la boca donde nace. Para confiar que el agua de la fuente es benigna, y útil para la conservación de la salud, es necesario que la fuente tenga su nacimiento al Oriente del Sol, principalmente en el Estío, y que el agua pase por tierra limpia, que no sea cenagosa, sino que desguace entre piedras y arenas, porque estregándose con ellas, en el tránsito, va soltando muchas partes del cieno, betún, carbón y otros materiales adustos, que suele arrastrar desde su origen. Ha de sentirse también el agua de la fuente, para ser buena y saludable, fría en el Verano y cálida en el Invierno, que es señal de que tiene su primer origen de las profundas entrañas de la tierra. Las fuentes nacidas en el Septentrión o en el Poniente, dan las aguas crudas, gruesas y graves, porque como el Sol no las retuesta, y depura con su calor, tienen reconcentradas en sí mismas muchas partes térreas y maliciosas, las que dañan mucho al estómago, porque no las puede cocer ni desatar, si no es con mucho trabajo; y causa regularmente obstrucciones, y flatos en las primeras vías, y otros gravísimos males y desazones en todo el cuerpo.

Del agua de la lluvia o cisterna

El agua de la lluvia es por su naturaleza limpia, suave, tenue, delicada y ligera; porque ella no es otra cosa que un extracto que hace el Sol de los sutilísimos vapores y exhalaciones del cuerpo terráqueo, convertidos en lluvia, y depositados en lagunas artificiales, limpias y cerradas. Es el agua de la cisterna muy aplaudida de los Médicos, y muchos de bastante autoridad, entre antiguos y modernos, la anteponen a la agua de las fuentes, fundados en algunos experimentos; lo primero, porque sujetándola al peso la han hallado más ligera que la de las fuentes, pozos y lagunas; lo segundo, porque han observado que recibe con mayor prontitud las impresiones del frío y el calor; lo tercero, porque todo género de legumbres se cuecen con más presteza en ella que en las demás; y además de estos experimentos no se le puede negar las condiciones de limpia, pura, luciente, insípida y descolorida, porque no contiene cieno ni otra crasitud, que pueda retener cualidades maliciosas. Para que el agua de la cisterna sea loable y de buenas condiciones, es necesario que sea primeramente recogida en tiempo de Primavera, y que no sea de lluvia tempestuosa sino de lluvia blanda y apacible: lo segundo, que corra por tejas de barro limpias, y desde ellas ha de colarse a la cisterna por acueductos bien cubiertos, de modo, que no recoja en el tránsito vicio alguno ni mala cualidad: lo tercero, que la cisterna sea tan limpia, que pueda conservarla pura, y defenderla del polvo, humo, y otras inmundicias, que la pueden corromper e inficionar. Aunque esta agua es tan celebrada, y aunque goce (que es dificultoso) de todas la bondades y condiciones del agua saludable, yo tengo por más medicinal a la de la fuente, porque ésta siempre conserva su complexión, y no se deja pervertir, ni inficionar de las mudanzas y malicias externas, a las que está pronta la de la lluvia por muy guardada, limpia y recogida que esté. Es muy usada el agua de la cisterna de los Médicos para todo género de cocimientos; en ella mandan preparar los colirios para las inflamaciones de ojos; mandan hacer las gárgaras para las anginas y garrotillos, y ordenan que se desaten en ella los purgantes, y los ingredientes para las ayudas, muy confiados de su virtud y actividad.

Del agua del pozo

Regularmente el agua de los pozos es gruesa, grave, cruda, cenagosa, y enemiga al buen cocimiento y distribución de los alimentos; y aunque los más de los pozos dan el agua de esta condición, habrá algunos, cuyas aguas compitan o excedan a la de las fuentes. Para ser buena el agua del pozo ha de gozar de aire libre y puro; ha de ser medianamente profundo; ha de estar descubierto, de modo, que el Sol caliente, mundifique y serene sus aguas; ha de estar cercano a ríos de rápido curso, o a fuentes que lo comuniquen buenas aguas; ha de estar bien limpio, y distante de lugares inmundos, y las aguas golpeadas y batidas; y con estas circunstancias, y la de manifestarse el agua pura, cristalina, sin color ni sabor, será igual o mejor que la de las fuentes, porque entonces nada le falta para su bondad, y no se diferenciarán unas y otras aguas más que en tener el brocal o la rotura de su nacimiento de éste o el otro modo. Aunque el agua de pozo parezca buena, si le faltan las expresadas condiciones puede ser muy nociva, y más si el pozo está vecino a algunos sitios cenagosos y crasos, porque es preciso que le pegue a las aguas la mala condición del cieno, lodo y otras inmundicias. Si el pozo no es profundo, también está expuesta el agua a las injurias del tiempo y el aire, poco menos que las de las lagunas, estanques y lagos, y por esta razón aparecen frías en el Invierno y calientes en el Verano. Si el pozo estuviese retirado del Sol, como lo están los pozos dentro de los portales de las casas, se corrompen las aguas con la humedad del sitio, porque no se calcinan, depuran, ni serenan con la luz del Sol. Si el agua del pozo no estuviese bien golpeada con el continuo gasto, se queda cruda, y con facilidad se corrompe, ofende al estómago, cuece mal los alimentos, causa obstrucciones, destruye la armonía de las entrañas, y produce en la sangre molestísimos daños y movimientos.

Del agua del río

El agua del río es peor que la de los pozos, porque el vario curso de sus corrientes a unas y otras partes va recibiendo algunas infecciones e inmundicias, que la vician y corrompen, principalmente en el Estío; porque en este tiempo remojan el esparto, mesan los linos, y se bañan en ellas muchos animales sucios y venenosos. Por esta causa produce graves males, y los que la beben por lo regular viven descoloridos, se hacen caquécticos, y padecen obstrucciones y males de garganta. Entre las aguas de los ríos, así como entre las de las fuentes, pozos y cisternas hay sus diferencias, y unas son mejores que otras. Las aguas de los ríos pequeños, turbios y cenagosos, que corren por tierra gredosa, y que su corriente es mansa, deben reprobarse para enfermos y sanos, porque son pestilentes y nocivas. Las de los ríos caudalosos, que corren arrebatadamente por arenas y piedras son las mejores; pero deben cogerse en medio de las corrientes, porque las orillas de los ríos están sucias y llenas de impuridades. Es muy conveniente no beberla recién cogida, y deben dejarla aquietar y reposar en las tinajas para que bajen al fondo sus impurezas. También es conveniente beberla cocida y colada, porque el fuego purifica, y evapora mucho de sus partes excreménticas; y esto se debe hacer con todas las aguas de los ríos porque regularmente están revueltas, impuras y sucias.

Del agua de las lagunas

Las aguas de las lagunas son las peores, porque como no se mueven, ni circulan, se quedan gordas y puercas, y por eso las más veces son pestilentes, malignas y venenosas. Corrómpense fácilmente en el estómago, distribúyense mal, causan obstrucciones en las primeras vías, y en todas las entrañas y cavidades, de que resultan graves daños a todo el cuerpo, especialmente a las vías de la orina y riñones.

Del agua de nieve o granizo

El agua que sale desatada del hielo, la nieve o el granizo, una y otra es pestilente y perniciosa, porque cuando se congelan pierden las partes claras, leves y balsámicas, y quedan las pesadas, ásperas y duras, y aunque se deshaga, nunca recobra su antigua naturaleza. La crudeza pestilencial de estas aguas destruye el cocimiento y distribución de los alimentos.

Causan supresiones de orina, ofenden al estómago, llenándole de flatos y crudezas, oprimen los espíritus, congelan los líquidos, irritan las fibras de las partes sólidas, provocan a tos, endurecen el pecho, y producen gravísimos daños; por lo cual en ningún caso se debe usar de ellas, y solo cuando haya mucha precisión, se podrán beber, pero cociéndolas antes, o poniendo un poco de azufre en rama en el vaso, o algún migajón de pan tostado para depurarlas alguna porción de su crudeza.

Del agua que se debe usar, en qué tiempo, en qué cantidad, y con qué orden se ha de beber

Aquel maravilloso Médico Hipócrates dice, que los sanos y los robustos, ni se deben tratar como enfermos, ni sujetarse a ley alguna medicinal; y en orden a la bebida consiente en que tornen la que tengan más a mano, y aquella que los alimentó en la primera crianza. No obstante la gran libertad que nos permite este famosísimo Médico, yo digo que es muy conducente examinar el agua, y el que pudiere beberla de fuente no la beba del pozo ni del río; y cuando no tenga otra que la de pozos, lagunas o glaciales, que sin duda son las más dañosas, puede cocerlas, que el fuego las purifica y adelgaza, y así se percola y distribuye sin especial ofensa de los líquidos y sólidos.

La cantidad que se ha de beber no se puede determinar con igualdad para todos, porque los que comen mucho es preciso que beban más que los que comen poco, para que el alimento se cueza sin esturarse, y se distribuya sin pereza por la primera región y por todo el cuerpo, dejando humedad suficiente, para que los excrementos que resultan de las cocciones se purguen y arrojen fácilmente por sus conductos.

El que come poco debe beber poco, porque si no fluctuará el alimento en el estómago, y se cocerá mal, causando los daños que resultan de los malos cocimientos, que son muchos y grandes. Para comer y cenar bastará beber en las gentes de regular dieta y complexión dos o tres cuartillos de agua; la cual cantidad se puede disminuir o aumentar discretamente, considerando los temperamentos, las edades, las regiones, los tiempos del año y costumbres individuales de cada uno. Los que fueren de temperamento caliente, seco y adusto, beban largo que a éstos les es provechoso templarse y humedecerse: los niños que por su naturaleza y edad son húmedos beban menos: los mancebos que son calientes y secos, pueden beber más; y los viejos que por secos se van arrugando, han de beber poco y a menudo. En las regiones calientes es preciso beber más que en las frías; y en el tiempo del Estío más que en las otras estaciones del año; finalmente en el estado de sanidad guarde cada uno su costumbre, que ésta hace naturaleza, y a ella se deben reducir los preceptos medicinales.

El tiempo más oportuno para beber, es cuando se come a la mesa, especialmente al medio, y fin de la comida; sin hacer caso de los escrupulosos dietarios, que previenen que se beba muchas veces, y poco de cada una; porque así se mezcla mejor el agua con el alimento, y baja al fondo del estómago. Este modo y cuidado de beber, nada conduce para dicho fin, porque en el medio de la fermentación del alimento todo se mezcla y se confunde, hasta que celebrada la cocción unas partes se separan de las otras. Lo que puede ser dañoso es beber antes de la comida, porque el estómago es muy nervioso, y puede suceder que se ofenda con la frialdad del agua, quedando en disposición de no poder cocer con felicidad el alimento. Fuera de la mesa hay también muchas ocasiones útiles para beber; porque entre el comer y el cenar en las horas de la cocción, y después de ella puede venir la sed tan fuerte que obligue a beber; y en este asunto hay gentes tan supersticiosas que antes se dejarán abrasar que beber un vaso de agua, persuadidos a que cualquiera pinta de agua retarda y pervierte la cocción. Hay un grande engaño y aprehensión en esto; porque si la sed es porfiada es señal de que el estómago necesita del agua para hacer mejor el cocimiento; y en caso de que la comida se retardase en cocer por el agua, menor inconveniente es éste que el dejarla esturar, y requemar por falta de ella. Los sanos no es conveniente que tengan este miedo y respeto al agua, porque en ellos la sed no es morbosa ni maliciosa; porque así como cuando hay hambre, el estómago pide su alimento, así cuando hay sed, es señal que necesita del agua; lo que no tiene duda es, que el tiempo más oportuno para beber fuera de la mesa es después de haberse acabado la cocción en el estómago, el cual regularmente se concluye dentro de siete horas a lo más; y a la bebida que se hace después de la cocción, llaman los Médicos Potus delativus, porque distribuye, y esparce el alimento después de cocido.

Antes de estar celebrada la cocción, se puede beber en muchos casos: el primero cuando la sed y calor de las entrañas es grande, que esto sucede por haber comido alimentos calientes o salados, o haber hecho algún exceso en el vino, o haberse entregado a las bebidas espirituosas, como son los Aguardientes, Rosolíes y Ratafías: el segundo cuando en el tiempo del comer se bebió tan poca agua, que faltó la humedad para la buena cocción y distribución del alimento: el tercero cuando la sed fuere intensa, ya por el sumo calor de estómago y entrañas, o por algún ejercicio violento, o por haber precedido algún sudor copioso, que en todos estos casos es necesario y conveniente beber sin esperar que se haga el cocimiento, porque entonces el agua ayuda a cocer y a distribuir, y este género de sed no se puede apagar sin ella. Algunas personas tienen la costumbre de beber de noche al tiempo de irse a la cama o en ayunas, y una y otra es mala costumbre, y deben poco a poco abstenerse de semejante exceso, porque también las costumbres viciosas dejadas de repente, dan mucho que sentir a la naturaleza. Cuando hubiere necesidad de beber por la mañana, es lo más seguro tomar antes algún leve desayuno, que así recibirá sin ofensa el estómago al agua; porque beber en ayunas siempre se le hace temeroso a quien sabe que estando el estómago fatigado y patentes los conductos internos entra el agua por ellos sin defensa, y puede causar grandes daños; y en fin, es tan dañosa el agua en ayunas, que Avicena la llama veneno, y la cuenta entre las pestes más activas.

Si se ha de beber el agua fría o caliente, cruda o cocida, y de los daños y utilidades de cada una de ellas para sanos o enfermos

Ordinariamente el agua se debe beber fría, porque el agua se bebe para cocer y distribuir el alimento, para apagar la sed, para refrigerar el corazón, y para templar el calor del estómago y entrañas, y todo esto se logra mejor con el agua fría que con la caliente. El agua fría excita el apetito y fortifica el estómago, y con estas circunstancias se hace felizmente todo el negocio de la digestión y sus consecuencias; tempera el fogoso empireuma de las entrañas, recrea el alma, y es finalmente uno de los mayores consuelos de la vida; y ninguna circunstancia de éstas se halla en el agua caliente. Para que el agua fría haga estos provechos es necesario beberla con moderación; porque excediendo en el modo y la cantidad todo va perdido. En tiempo de Estío, y en región caliente se puede beber copiosamente, en especial los sujetos de temperamento cálido; porque en estos tiempos, lugares y personas es mayor la necesidad del refrigerio, porque el aire no puede templar, ni apagar la sed que en los coléricos y adustos regularmente es grande. Cuando el aire no es frío ni húmedo, especialmente en las estaciones del Estío, es preciso beber bien para recobrar la humedad que se pierde en el sudor, que suele ser frecuente, y aun copioso en este tiempo. Si el agua fría se bebe con exceso, no solo no hará los provechos y utilidades dichas, sino que producirá graves daños y enfermedades, porque su abundancia enflaquece al calor natural, ofende al pecho, es perjudicial al celebro y nervios, y causa opilaciones, hidropesías, y otros estragos y quejas molestísimas.

No obstante que aconsejo a los sanos el uso de la agua fría, no se debe entender absoluto este consejo, porque hay algunos estómagos y naturalezas que se ofenden aun del agua caliente y aun del vino; a estos tales se les puede permitir el agua caliente, como a los otros la fría, porque bebiéndola con moderación y templada, les ayuda a la digestión, les laxa el vientre, y templa el calor de los riñones, limpiándolos de las arenas, e impide la generación de las piedras en la vejiga; y para todos estos fines es alabada de los Prácticos el agua caliente, tomándola en ayunas con azúcar o sin ella. En lo que toca a beber el agua cruda o cocida, ya he dicho que si el agua es buena, de fuente saludable o de buenos ríos, no se debe cocer para sanos ni enfermos; pero si estuviese viciada y sucia, como el agua de los lagos y pozos, entonces es necesario cocerla para que el fuego la purifique y resuelva alguna parte de su malicia y crasitud.

Del agua de nieve, de limón, sorbetes, del agua del sereno, de la que se enfría en los pozos y otras bebidas

Son muchas las utilidades del agua de nieve, y es muy conducente acostumbrarse a ella en el estado de la sanidad, así para experimentar sus beneficios, como para poderla beber y recetar sin miedo en las dolencias; porque es circunstancia muy necesaria para recetarla con seguridad, saber que el sujeto enfermo está acostumbrado a beberla. No hay duda que el agua de nieve, que en el tiempo del Estío se bebe con moderación, sirve no solo de delicia y recreo, sino de mucho provecho para el cuerpo, porque el grande calor del Estío disuelve el calor natural, y el aire caliente y seco de aquella estación rareface la masa de la sangre y la desata, de lo que resultan reumatismos, catarros, toses, y otros daños de dificultosa curación, y solo con el uso de la agua de nieve se pueden impedir, porque esta agua con su actual frialdad vigora el calor nativo, que con la estuación del tiempo se está exhalando, y reúne la masa de la sangre, que con el aire caliente y seco se está disolviendo.

Además de esto, el agua de nieve usándola con moderación, conforta el estómago, refresca las entrañas, enfría el orgullo de la cólera que se enfurece en el Estío; siendo su furor y su precipitación la causa de las cólicas convulsivas, calenturas ardientes, colicuativas, y otras enfermedades que regularmente se padecen en las estaciones y países cálidos, de las cuales se libran sin más medicamento que beber en la mesa, y por la tarde el agua de nieve con moderación.

Tiene el agua de nieve, además de los provechos dichos, la virtud de excitar el apetito, que la calma y el ardor del Estío suele relajar y destruir caldeando con demasía el fermento del estómago y su ácido exurino, que es el que mueve al hombre, porque la dicha agua atempera este orgullo, modera el calor del estómago, y dispone al fermento y ácido exurino para que haga las funciones y cocimientos perficionados. Las personas de temperamento caliente, coléricas y adustas, en el agua de nieve hallarán la mejor medicina para templar la acrimonia de la cólera y el hervor de la sangre, que en el Estío se recuece y se precipita hasta causar fiebres ardientes, colicuativas, cursos, sudores diaforéticos y otros males, que solo con el agua de nieve se curan y se evitan.

Así como el agua de nieve bebida con moderación, y en tiempo oportuno produce muchas utilidades a la salud, así bebida inmoderadamente hace gravísimos daños y enfermedades. Extingue la mucha agua de nieve el calor natural, debilita el estómago, destruye el cocimiento, ofende al pecho, al bazo y las entrañas, enflaquece las fibras y los nervios, excita cólicas, tremores, torpeza en los espíritus, y hace retardar el círculo de la sangre, y de esta pereza provienen las perlesías, apoplejías y estupores. En las fiebres ardientes, continentes, ustivas, cólicos calientes, cursos, vómitos coléricos y pujos es el agua de nieve tan útil, que a veces parece cosa de milagro la facilidad con que ataja y remedia los dichos males.

El agua de limón y todos los sorbetes y aguas de estos tiempos ácidas, como la de cidras, naranjas, guindas y otras que sirven los Reposteros, causarán los mismos provechos, porque el ácido de estos frutos refresca y une la masa de la sangre cuando se disuelve, rebate el amargor de la cólera y su efervescencia; de manera, que los cursos coléricos muy precipitados se suspenden con un vaso de agua de limón, como se observa continuadas veces en la práctica. Y aunque no causasen estas utilidades, se deben usar estas aguas por delicia y recreo, especialmente en el tiempo de la calma, y más que otras la del limón, porque es más familiar al estómago, y más correctiva de la cólera.

Las bebidas cuajadas, que sirven los Reposteros y Botilleros de España, y se toman con cuchara, no son tan saludables, porque no se cuelan con facilidad, y suelen ofender al pecho y a la cabeza. Deben tomarse estas bebidas bien frías, pero sueltas, porque así refrigeran más íntimamente el incendio interno, y se cuela y distribuye por todos los conductos interiores. Donde no hubiere hielo ni nieve, se pondrá el agua al sereno, o dentro de los pozos, procurando beberla siempre fría. Para este fin es muy conveniente cocer primero el agua que se haya de enfriar, porque cocida recibe más presto la frialdad del sereno o el pozo. La que se pusiere al sereno se ha de dejar descubierta, o se ha de tapar solo la boca del cántaro con un paño de lino, de manera, que librándola del polvo, y de lo demás que la pueda ensuciar, no impida que de ella se exhalen los vapores calientes, y se introduzca el ambiente fresco. Así la que se enfría al sereno como la que se refresca en los pozos, se ha de poner en cántaros o vasos que no estén llenos, porque el aire que en ella queda, luego se refresca con la frialdad del ambiente del pozo o del sereno, y ayuda a resfriar el agua, y si el cántaro está lleno, no se puede introducir.

Las personas que se sienten flacas de estómago, las que fueren de temperamento frío, las que padecen dolores o debilidad en los nervios, las que tienen estupores, perlesía, asma húmeda, debilidad de pecho, y las que son acosadas de catarros de causa fría, o que hayan padecido obstrucciones de bazo, o de otra cualquiera entraña se deben abstener en un todo, de la agua de nieve, aunque se hayan curado y sanado de semejantes males; porque las partes que padecieron, siempre quedan débiles y con disposición para ofenderse con la frialdad. Las mujeres que han parido muchas veces, también han de huir del agua fría, porque el útero queda debilitado y enflaquecido con los partos, y se ofende insignemente con el agua. Los viejos por ningún caso deben beber el agua de nieve, principalmente los que no están criados con ella, porque tienen por razón de la edad muy pobre el calor del estómago, débiles los nervios, y fatigadas las entrañas, y éstas se resienten mucho con la frialdad, y suelen acabar con la vida.

Es en Castilla muy frecuente el uso de la aloja, que es una bebida de agua, canela, clavo, miel, y algún poco del zumo de limón; es muy agradable y provechosa, y se bebe con frecuencia y utilidad del estómago y demás entrañas; pues aunque la beben de nieve, no puede ofender su frialdad por la mixtura de la miel y las aromas. De las guindas, sandías, fresas y otras frutas, se hacen bebidas en España para los cumplimientos y visitas, las que son muy gustosas al paladar, y provechosas a la salud, porque son muy familiares al estómago, corroboran el corazón, templan el ardor de las entrañas, y modifican el hervor y movimiento de la sangre. Con la brevedad posible (me parece) que he tratado de las aguas en común, y en particular en las pocas hojas que dejo escritas; y con el mismo método y ligereza procuraré describir la específica de Tamames, que es el especial asunto a que he querido sujetar la pluma.

Situación y descubrimiento del agua de la fuente de Tamames

Entre las muchas y famosas fuentes medicinales que están descubiertas y examinadas en nuestra España, dudo que haya otra de tan prodigiosas y visibles virtudes como la de Tamames; porque además de ser sus aguas una casi universal medicina, suave, apacible y barata contra los más comunes achaques y quejas de nuestros cuerpos, son también preservativas de la sanidad, redimiento a los que la beben, así de las enfermedades que actualmente cura, como de otras en que puede caer la naturaleza. Está esta fuente en las faldas de la Sierra de Francia, distante menos de media legua de un Lugar llamado Tamames, sitio muy fructuoso, florido, alegre, de sabroso temperamento, y de una vecindad sencilla y agradable, y no tan desierto que no tenga hasta doscientos vecinos. En un valle hermoso y a la caída de un monte, poblado y abundante de pastos, tiene su nacimiento, y su boca es una breve rotura triangular entre dos peñas, sin otro aliño, adorno, ni cuidado que el que desde su origen le puso la naturaleza. Es bastante caudalosa, y en todos tiempos conserva sin diferencia sensible una misma porción de agua. Es ésta a la vista algo cenicienta, y al gusto nada ingrata, porque mientras se bebe no la distingue el paladar de otra cualquiera de las aguas usuales, y acabada de beber, solo deja en la boca un sabor como el que dejan los huevos duros. Los Aldeanos, Gañanes y otros habitadores de aquellas Serranías, huyen del agua de esta fuente, porque les causa una hambre implacable, y como regularmente tienen pocos manjares con que acallarla, para ellos es perniciosa en el estado de la sanidad. Los animales que pastan las praderas vecinas, y otras de más lejos, la buscan muchas veces gobernados de su instinto, quizá porque les cuece y hace arrojar algunas crudezas que mortifican y dañan sus cuerpos. Los Labradores enfermos la beben, y se libran de muchas dolencias sin otro Doctor ni Botica que el benignísimo purgante de estas aguas; y finalmente, tenemos observado en el corto tiempo de su hallazgo y descubrimiento, que así a los hombres de todas edades, temperamentos, complexiones y achaques, como a los brutos de todas especies y tamaños les es provechosa, tanto en el estado de la sanidad y robustez, como en el infeliz del abatimiento y enfermedad.

Estuvo esta fuente, no ignorada, pero olvidada, y aun aborrecida de los vecinos de Tamames, y de todos los habitadores de las cercanas caserías y cortijos, hasta que por los años de mil setecientos y veinte el ingeniosísimo Padre Luis de Losada, de la Compañía de Jesús, varón insignemente docto en todas las Ciencias, y dichosamente práctico en la Filosofía, descubrió y acreditó con provecho bien particular de su salud sus virtudes. Vivía afligido este insigne Padre de una melancolía hipocondríaca desesperada, de las que capitulan los Médicos de incurables, y sin más medicina que el uso racional, y continuado de estas aguas, se libertó de sus penosísimas aflicciones y congojas. Habiendo examinado por los efectos de su salud, y con su juicio, discreción y ciencia las virtudes y propiedades de estas aguas, las aconsejaba a muchos enfermos, especialmente a los que padecían del pecho, a los obstruidos, melancólicos y obesos, y se experimentaron felicísimas restauraciones y alivios. Empezaron otros achacosos antojadizos a usar con indiscreción, sin conocimiento, sin consulta, sin método, y sin templanza, bebiendo hasta reventar en todos tiempos y horas; y finalmente, dieron los Médicos y Cirujanos en la desesperación de remitir a ellas a muchos de los dolientes, que afrentan sus aforismos, y los traen corridos y avergonzados con sus males; y como no todos podían sanar, perdieron algún deshonor y descrédito estas aguas. Atribuíanse al poder y a la eficacia de ellas los desconciertos, que solo eran hijos de la mala práctica, y del ningún conocimiento de su específica virtud; pero hoy que están examinadas, y separados sus principios por hombres inteligentes, se administran y recetan con más cordura, más esperanza y mayor utilidad de los enfermos. No obstante el riguroso y discreto examen que se ha hecho de ellas, y la corrección que han dado los Médicos prudentes de Salamanca a las inmoderaciones y mal uso de estas aguas, han quedado muchos desordenes sobradamente perjudiciales, y que derechamente estorban el fin de la curación y sanidad. El primero es la multitud y concurso de enfermos de todas especies y linajes, que se van o los envían a beberlas; siendo cierto que no pueden convenir ni aprovechar a todos; pues no hay en Tamames, ni en el mundo medicina universal para todos los achaques. El segundo es la destemplanza en la cantidad, pues aun dura el disparatado arbitrio de mandar beber veinte y cincuenta cuartillos de agua. Y el tercero la poca o ninguna dieta que observan los enfermos en la comida, bebida, sueño, y en las demás acciones a quien llaman los Médicos no naturales. A todos estos abusos destruirá este Tratado; y procuraré dar en él unos prácticos y racionales, que sirvan a los buenos fines que deseo. Pondré primero una lista de las enfermedades que puede remediar esta agua; determinaré la cantidad que se puede beber sin peligro; y prescribiré una dieta prudente, y antes de todo diré brevemente de la composición de estas aguas.

Demuéstranse las partículas de que está mezclada el agua de la fuente de Tamames, y el origen de todas las aguas centrales y termales

Cerca del centro, y en la media región de la tierra, trabaja la sabiduría y la travesura de la naturaleza todo el género de minerales, medios minerales, betunes y otras pastas que conoce y manosea cada día nuestra curiosidad y cuidado. De modo, que en esta grande interior capacidad de la tierra están escondidos y resguardados varios hornos, huecos y cavernas, unas llenas de aguas, obras de aire, y otras de fuego, y con el beneficio de estos interiores elementos se preparan, cuecen, depuran y endurecen los minerales, siendo su única materia la misma tierra escogida por la discreción de la naturaleza. Llaman los Físicos a las cavernas de agua hidrofilacios, a las de fuego pirofilacios, y a las del aire aerofilacios. Las aguas que se dicen entre los Físicos y Médicos sulfúreas, bituminosas, marciales, mercuriales, y con otros nombres, deducidos de las nominaciones que tienen los metales, no son otra cosa que las que están detenidas en aquellas fosas de los hidrofilacios, y las que circulan por las venas de la tierra; y como unas y otras ya chupan, ya bañan continuamente las masas metálicas, se les pegan en el tránsito y en la detención las condiciones, cualidades y virtudes del metal más vecino. Fórmanse también estas aguas (que regularmente se llaman centrales) de todo el gremio y confusión de partículas de varias castas, que están reclusas en la media e ínfima región de la tierra; de modo, que movidas con ímpetu y furor muchas partes térreas en sus hornos, ya por el irrequieto y furibundo movimiento de los fuegos subterráneos, ya por los influjos celestiales que penetran los poros de la tierra, o ya por aquel éter, espíritu y viento interior se desmenuzan y deshacen muchos cuerpecillos térreos con la lucha, choques y reencuentros de unos con otros, y levitando sobre la tierra más compacta forman su especie de vapor, efluvios y exhalaciones; y como éstos son menos pesados que la tierra, y el agua de que se elevan, suben por inviolable ley de la naturaleza, y no paran hasta tropezar con cuerpos menos graves que ellos. Por esta razón, el aceite que es respectivamente menos pesado que el agua, nada sobre ella, sobre el aceite el espíritu de vino, y sobre éste el petreolo. Por la misma razón, puesto un pedazo de pino en el fondo del mar, sube con precipitación hasta la superficie convexa de las aguas, y la cóncava del aire; y lo mismo haría aunque el mar se empinara hasta el Orbe de la Luna.

A este modo ascienden los referidos vapores ácueos y térreos por los poros y filtros de la tierra, venciendo mil laberintos, resistencias y embarazos. Subiendo, pues, los vapores ácueos, si es el ascenso por terreno muy duro y de porosidades muy estrechas, aunque vayan muy cargados de partículas metálicas y de otro linaje, se despojan de ellas en el camino, y se aparecen en la superficie de la tierra, y condensándose en el aire, se convierten en agua potable purísima y transparente, más o menos, según haya sido su depuración más o menos perfecta o exquisita, y forman las muchas fuentes que bañan la tierra; pero sí estos efluvios o vapores ácueos hacen maridaje y unión con los sutiles térreos, y suben por tierra floja, esponjosa y de poros anchos, no se desnudan de las partículas azufrosas, bituminosas y salinas de que abundan, antes bien llegan a la superficie cargados de estos cuerpecillos, y forman las aguas termales, que son las que sirven como la nuestra de Tamames para el uso de la medicina. Según es el mineral (perfecto o imperfecto) que sobresale en ellas, así les han dado los nombres los Médicos a estas aguas; de modo, que a unas llaman sulfúreas, a otras marciales, a otras vitriólicas, y así de las demás.

Si estos efluvios llevan consigo en el ascenso más cuerpos azufrosos que de otro mineral, cuando se condensan y convierten en agua, es mineral sulfúrea; si llevan en sus poros mayor cantidad de partículas salinas, se convierte en agua aceda, y constituye la mineral vitriólica; y lo mismo se ha de decir de la abundancia o exceso de las partes de otro mineral, ya crudo, ya digerido en los dichos vapores, esto es, que según sea el dominante, será el genio y naturaleza de las aguas.

Yo discurro que a nadie puede causar extrañeza que suban desde el centro de la tierra hasta la superficie, cuando en el mar se encuentran grosuras cuajadas, como son el succino, el ámbar y otras, y aun hay Físico experimental que dice que la sal marina esconde una grosura ardiente que tocan los ojos con el favor y demostración del Arte Químico.

Entre las aguas termales (que debemos llamar comúnmente medicinales) hay unas que se perciben frías, algunas tibias, y otras muy calientes. Esta desigualdad de destemplanzas nace ya de la comunicación y comercio que tienen con el aire en la superficie de la tierra, y de los más o menos materiales térreos, espiritosos que sacan de los hornos del centro; pues según es la naturaleza de las partículas, ya de azufre, ya de betún, ya de arsénico, y otras de que vienen preñados los vapores, así es su textura caliente, fría y templada. Del famoso río del Rin se dice que en medio de sus corrientes frías se deja ver y percibir una vena de agua termal caliente en sumo grado. Apenas hay agua mineral que no tenga algo de azufre; porque tampoco se encuentra mineral ni medio mineral que no esté impregnado poco o mucho del azufre; pero como hemos dicho, solo se dice sulfúrea aquella agua en la que abundan más partículas de esta casta que de otra alguna. Éstas, pues, esconden en sus porosidades una gran copia de espíritus térreos, sutilísimos y muy penetrantes, a quienes con razón se atribuyen los maravillosos efectos que en varias enfermedades producen estas aguas sulfúreas. Que encierren en sus intersticios y poros esta substancia espirituosa se presume de lo que se observa en los enfermos que las usan, y es que por más que evacuen por todas vías en mucha copia cantidad y variedad de materiales, no se debilitan, antes bien cada día recobran nuevas fuerzas y esparcimiento. Que este espíritu sea agilísimo, volátil, undulante, y de insigne penetración, consta de muchos experimentos, entre ellos es el más famoso el que hizo el célebre Bechero, que es el siguiente. Condujo a su casa unas aguas termales calientes, llenó un vaso grande de vidrio de huevos, y cerró, aunque no muy estrechamente, la boca del vaso; lo puso, no dentro de las aguas, sino a una breve distancia donde le tocasen sus vapores. Después de algunos días abrió este vaso, sacó los huevos, y los halló frescos, pero tan penetrados del azufre, que en sus yemas y claras solo se percibía el gusto, y el olfato, olor y sabor a azufre, y no a otra cosa. Estos espíritus son innegables, además de que hay otros tan sutiles que penetran todo género de cuerpos, hasta el de vidrio, pues cada día vemos que los efluvios del imán penetran los vidrios y los cristales sumamente gruesos.

A este espíritu recluso en los poros del azufre, se debe sin duda toda la energía de las aguas minerales sulfúreas; y este es el que más sobresale, y se conoce en las aguas de nuestra fuente de Tamames. En los varios experimentos y separaciones que yo he hecho de sus principios, siempre me ha salido mayor porción del azufre que de otros minerales, de los que sin duda vienen también inficionadas. Además de las partículas del azufre se han hallado en el remanente algunas del hierro, aunque muy poco; y algunas veces no han aparecido. Lo que más se descubre es el betún y el vitriolo; pero atendiendo a que todas estas partículas de una y otra casta no componen tanta porción como las que descubrimos del azufre, y justamente presumimos en sus porosidades, debemos tratar, nominar y considerar estas aguas solamente por minerales sulfúreas, como son las aguas de Ledesma, de las que trataré en adelante; y según la situación, naturaleza y provechos de dichas aguas, yo creo que la fuente de Tamames es una vena derivada de la de Ledesma con alguna circunstancia más o menos benigna, según reciba en el tránsito de otros minerales, raíces y yerbas por donde se viene desguazando. Este espíritu sobresaliente en unas y otras aguas de estas dos fuentes es el que resuelve durísimos y envejecidos tumores, y el que conforta todo el género nervioso, y sacude de los cuerpos todas las enfermedades cutáneas, como cada día estamos viendo con singular consuelo de los dolientes y pasmo de los Médicos.

Enfermedades y dolencias que seguramente se curan con las aguas de Tamames, y al mismo tiempo se dice para que género de enfermos son dañosas

Es indubitable que el espíritu del azufre es el que debe a las aguas de Tamames y Ledesma toda su energía y virtud; porque sin él no se pueden distribuir con felicidad dichas aguas, ni menos arrojar de los cuerpos los materiales que producen sus dolencias. Este espíritu es el que caliente los miembros, el que resuelve los viejos tumores, el que conforta todo el género nervioso, el que separa las materias crudas, el que limpia las obstrucciones de la primera, segunda y tercera región, y finalmente, el más poderoso y activo agente contra las enfermedades rebeldes de la casta flemática. Por esta razón son utilísimas en todas las caquexias, opilaciones, obstrucciones, afecciones hipocondríacas, en tumores y abscesos impropios, rebeldes, en los vahídos de cabeza originados del estómago, en los dolores de cabeza, y cólicos humorales nacidos de indigestiones, en las inapetencias, fastidio a la comida, en las perlesías y últimamente en todos los achaques seguidos a una fibra floja sin elasticidad, y a unos líquidos vápidos, viscosos y perezosos en su movimiento; y son oportunas y aprovechan seguramente también a todos los de temperamento flemático, y a algunos melancólicos. La razón de hacer tan buenos efectos en estos aparatos y temperaturas es, porque el espíritu que es el alma de estas aguas, luego que toca las fibras, las engríe, alienta y da elasticidad para que jueguen con expedición sus oscilaciones, y penetrando los poros de los líquidos glutinosos y sucios, desune y separa sus partículas, y los hace tan fluxibles, que con el nuevo elaterio que por el contacto de esta substancia sulfúrea adquirieron las fibras, se desquician con facilidad del lugar que ocupan, y los arroja con precipitación y dulzura por sudor, por orina y por cámara, y el enfermo vuelve a la posesión de su salud. Por último precepto digo que todos los que tengan necesidad de purgarse, pueden beber de estas aguas con seguridad y confianza, porque ellas no son otra cosa que un purgante general, benigno y suave, recetado y extraído por la naturaleza con más prolijidad, arte y ventura que los que nos cuecen y amasan en nuestras boticas.

Así como son provechosas estas aguas para las enfermedades que he dicho, son también perjudiciales a los que padezcan cualquiera casta de calenturas (exceptuando las que llaman blancas o virgíneas), en las alferecías, temblores y convulsiones, en los dolores originados de la cólera, y en el código convulsivo; perjudica con estrago notable a los tísicos, a los que escupen sangre, a los calculosos, a los que padecen la especie de escorbuto que se dice caliente; aumenta los reumatismos, los dolores articulares y de gota, el mictu cruento, todo género de inflamaciones; y finalmente en todas las dolencias hijas de una fibra encrespada, tensa y violentamente tirante, y de unos líquidos muy tenues, ardientes y azufrosos; y por lo misma causa son nocivas a los de temperamento bilioso, y nada convenientes a los de complexión sanguínea. La razón de ser perjudiciales en dichas dolencias y temperamentos, es porque como el espíritu mineral es tan sutil, ardiente, e irritante, es poderoso para encrespar y vibrar tanto los sólidos, y fundir en tanto grado los líquidos, que con mucha facilidad puede seguirse de su uso, o una inflamación funesta, o una colicuación irremediable.

Del uso de las aguas de Tamames, y el modo y tiempo de tomarlas

Admirables efectos hubiera producido la gran medicina del hallazgo de esta fuente desde los principios de su descubrimiento, si el uso indiscreto e inmoderado de sus aguas no hubiera malquistado y escondido sus virtudes. Sin el más leve examen en la casta de los dolores, ni en las cualidades del remedio, marchaban los dolientes a beberlas; y sin otra prevención ni consejo que el que les persuadía aquella disculpable ansia de liberarse de sus prolijos accidentes se entregaban a los antojos de su sed y sus deseos, no sin funesta ruina de muchos que sin ellas hubieran vivido muchos años. Los rústicos habitadores de las cercanías eran los Directores, los Físicos y los Enfermeros que las recetaban y ministraban ciegos e ignorantes absolutamente, así de las dolencias como de la naturaleza, actividad y cualidades de las aguas. A los niños, viejos y mujeres daban unas mismas reglas y unas mismas porciones, y éstas las reducían con el precepto bárbaro de que bebiesen cuanto quisieren, sin advertir que mucha agua y agua de estas condiciones nunca puede ser saludable a ninguno. Finalmente allí no había más orden, dosis, dieta, preparación ni regularidad, que la que el antojo del enfermo apetecía, y el ignorante del rústico decretaba. Con esta indiscreción se bebieron algunos años, hasta que un piadoso Clérigo bastantemente advertido, observador y aplicado, se dedicó a asistir y ministrar con más juicio y más conocimiento estas aguas a los enfermos que acudían. Hoy (gracias a Dios) se recetan con toda seguridad, porque los insignes Médicos de esta Escuela, muchos Boticarios, y otros curiosos han hecho varias experiencias, y han llegado al práctico conocimiento de su legítimo uso y provecho.

Recétanse ya solamente a los enfermos que tienen aquellos achaques habituales, perezosos, caquexias, opilaciones y los demás males que dejo alistados en el párrafo antecedente; y asentado al principio de que ésta no es medicina universal (como entendieron muchos ignorantes), y que solo puede conducir para el alivio de determinados afectos, diré el mejor modo y tiempo de tomarla, y no dudo que pudieran muy bien hacer estas aguas sus operaciones por sudor; pero el sitio donde están, por ser al descubierto, y la poca cantidad que arroja la fuente, son dos estorbos muy poderosos para no intentar por el sudor las evacuaciones que se solicitan. Su actividad y fuerza es cierto que es suficiente para mover al sudor, especialmente a los cuerpos gráciles y abiertos de poros, pero la mejor práctica es administrarla en bebida, porque no se ponen los cuerpos en tanta congoja, y la dosis es más moderada en la bebida que en el sudor. Es conveniente que antes de tomarla se prepare el enfermo con algún purgante artificial, para que se cuele y filtre mejor el natural de estas aguas. La purga que haya de tomar se la recetará el Médico, o el enfermo advertido puede elegir en la clase de los purgantes aquel a quien tenga menos asco; pues en orden al fin, no tiene que pararse ni temer, pues lo mismo hacen y evacuan los unos que los otros; pues ya se tiene por chanza entre los Médicos juiciosos aquella graciosa doctrina de los medicamentos selectivos, que solo escogían el material que pecaba, y el que el Médico quería; ya creemos (gracias a Dios) que los purgantes cuando entran en nuestros cuerpos se llevan lo que encuentran, sea lo que se fuere, y que la operación es tan atropellada, que no tienen lugar el Ruibarbo, la Jalapa, ni la Escamonea para detenerse a escarmentar la cólera, ni escoger la flema. Pasados tres o cuatro días después de haber recibido el purgante, entrará bebiendo estas aguas; y el tiempo más oportuno es el de los dos meses de Mayo y Junio, porque entonces sus azufres están más vigorosos, recalentados del Sol, y más sutiles y dispuestos para penetrarse por las entrañas obstruidas: lo segundo, porque la naturaleza está más alegre y más despejada, y los materiales en movimiento menos perezoso para ser expelidos y lo tercero, porque se asegura un resto del tiempo muy feliz para la convalecencia. Si hay especial necesidad, se pueden beber en cualquier tiempo del año; pero aunque no se siga nuevo, ni mayor daño, ni accidentes, a lo menos se expone el enfermo a las desconfianzas de que no le aprovechen. En tiempo de mucho frío no se cuelan bien y las operaciones purgantes son más peligrosas y enfadosas: además de que como se ha de seguir el ejercicio antes de beberla y después, se exponen los enfermos a laxarse demasiado, y a resfriarse con facilidad. En tiempo de mucho calor también tienen peligro, porque es mucha la copia de espíritus que se pierde, así en el ejercicio, como con el purgante de las aguas; y últimamente si la necesidad obliga a tomarlas en alguno de estos tiempos rigurosos, es necesario que el enfermo no se fatigue, que se arrope, y que se guarde cuanto pueda del frío y el calor, y que el ejercicio sea muy moderado o ninguno.

En estos casos y en estos tiempos, convendrá que el enfermo se esté quieto en una de las casas del Lugar de Tamames, y que le traigan el agua de la fuente bien cubierta en una botija vidriada, sin golpearla mucho para que no se evaporen las partículas del azufre, que son las que hacen toda la buena operación que se desea en los achaques expresados.

Según la rebeldía y la vejez que tengan los males de los enfermos, y según sea el efecto que le hagan las aguas, se ha de determinar la detención en tomarlas, y las cantidades que hayan de beber. A unos enfermos bastarán seis o siete días, otros necesitarán de diez o doce, y algunos de quince, y de este número de días no hay que pasar; porque medicina que en quince días no da signos ni esperanza de la sanidad, se debe desconfiar y apartarse de ella, porque si es remedio, no lo es para el que no le aprovecha. La prudencia del Médico y el enfermo, sus fuerzas, y el estado en que vaya conociendo a su salud, han de ser los tasadores del agua, y los que han de decretar la duración, o la separación de ellas. El método regular es el que diré sobre poco más o menos. El día templado saldrá el enfermo del Lugar en ayunas, paseándose hasta la fuente con compañía de gentes alegres y divertidas; y no le han de hablar en sus males, y aunque él quiera (que es siempre lo que desean, y lo que les propone su melancolía) se le ha de apartar aquella conversación. En llegando a la fuente reposará un rato, como media hora poco más o menos, y beberá un par de vasos de cortadillo, que es un cuartillo poco más o menos; paseará por la vega media hora, y volverá a tomar otro vaso; si hiciese con el agua algún curso, o la evacuación de orina fuese más regular que en el estado antecedente, es señal que el agua se ha colado bien; y finalmente, haga operación sensible o no la haga, no tomará más en aquella mañana. Volverá al Lugar, se arropará un poco en la cama, y después de tres cuartos de hora tomará chocolate, o el desayuno a que estuviere acostumbrado, pasará hasta la hora de comer conversando, jugando u oyendo leer algún libro entretenido. Dormirá poco si está acostumbrado o nada la siesta, y continuará las conversaciones festivas, el juego, o la lectura, sin hablar palabra de sus males, dolores, ideas, ni aprehensiones. Después de seis o siete horas de haber comido volverá a la fuente y tomará otro par de vasos, y si quiere puede mojar en el agua un pan de azúcar rosado, y éste será su refresco, sin añadiduras de chocolate ni otras golosinas. A la noche tomará una cena ligera (como diremos después), y éste debe ser el régimen, dosis y ejercicio de los días, que según la evacuación, las fuerzas y la esperanza de su sanidad, se ha de detener el enfermo en tomar estas aguas.

Al día siguiente hará el mismo ejercicio, y beberá la misma cantidad de agua, y si da señales por las excreciones de cámara u orina de haberse colado bien por las entrañas, podrá seguramente añadir otro vaso, y cuando más otros dos; y esto se debe practicar solo por la mañana, porque a la tarde no debe exceder de los dos vasos que se le decretan así por refresco como por medicina. De este modo, y observando la dieta del ejercicio y cantidades de agua que he dicho, seguirá los día que parezca conveniente. En los días destemplados por el frío, la humedad o el aire, guardará la casa, y en ella beberá las dichas porciones de agua, y hará el ejercicio conveniente, porque una vez que empieza a tomarlas, no es provechoso interrumpir su método, porque se vuelve a dormir la naturaleza, y los humores se vuelven a engrosar. Después de concluido el número de días que según buena prudencia se han de gastar en el uso de estas aguas, descansará el enfermo cinco o seis días, y tomará todas las mañanas un cuartillo escaso de leche de cabras aguada una tercera parte, o la leche de burra, u otro atemperante como la horchata, o un poco de agua de cebada fresca, y así esta como otra cualquiera de las bebidas dichas, no usando por ningún caso de la nieve, y cuando se use, sea en aquella templanza que suelen decir a media nieve: y esto se toma para templar aquel ardorcillo tal cual que siempre queda en las entrañas, introducido por la fuerza de un purgante continuado. Todos estos consejos y doctrinas en orden a beber esta agua, se ha de entender sin ofensas del estómago, porque si este se diere por entendido y flaqueare, será preciso dejar el agua por dos o tres días, y volver a ella, tomándola en menor cantidad que la que dejamos recetada. Estos breves avisos, y los que según las circunstancias que ocurran se pueden prevenir, bastan sin duda para que se haga esta operación con felicidad y provecho.

De la dieta que se debe observar el tiempo que se hayan de beber las Aguas de Tamames, y la que se ha de guardar después

Muchos achacosos de los que tienen medios para comer bien, y que son comilones y desordenados, ya por apetito, por vanidad, o por mala crianza han desacreditado también con sus excesos la virtud de estas aguas. No ha sido corto el número de los que con poco mal, y solo por huelga, y por comer y pasearse con más libertad han ido a tomarlas, y tampoco han logrado mejorarse de aquellas dolencias pequeñas, que acortándose la ración lo hubieran conseguido. Quieren tener su gula y sus desórdenes y la salud, y esto es casi imposible, y en no logrando sus deseos, echan la culpa a la medicina, al Médico, a los asistentes, y a todo el mundo, menos a quien la tiene, que regularmente es su vicio y su locura.

En el estado de la robustez y de la sanidad se puede hacer algún disparate en una u otra ocasión, porque también la nimia moderación y exquisita dieta es enfermedad continuada, y es una de las mayores miserias de la vida sujetarse a las leyes rigurosas que dan los Dietarios impertinentes; pero en las enfermedades es necesario conducirse con juicio, con método, y una regla prudente que vaya ayudando la naturaleza, para que haga en tiempo y con dulzura su cocimiento, excreciones y las demás obras que pueden conducir a su vigor y fortaleza. No se puede prescribir regla segura y cierta que comprehenda a todos los males y los enfermos, porque no todos han de tener unos mismos humores, ni unos mismos ácidos en el estómago para disponer y trabajar con ventura el alimento. La prudencia y el juicio han de pesar las comidas, y han de elegir la substancia y calidad de los alimentos, arreglándose siempre a la regular costumbre con que vivió cada uno en el estado de su sanidad. A los que están acostumbrados a comer mucho, no se les debe sujetar a la estrechez con que viven otros, que o por miedo, por miseria, o por crianza se tratan miserablemente; pero siempre será utilísimo que se rebajen algo de lo que regularmente comen y beben. La regla general para todos ha de ser tratarse en los días que tomen el agua con aquel rigor y cuidado que dirigen los Médicos a sus enfermos en un día de purga de los que llaman de prevención; pues en este día le ordenan una moderada comida, cena y refresco, y le sujetan a huir del aire, del trabajo y de otros inmoderados ejercicios y destemplanzas; y respecto de que estas aguas no son otra cosa que un purgante, y diurético más benigno y natural que los que trabajan en las boticas, es conveniente que los enfermos se traten como tales purgados todo el tiempo que dure la curación y bebida de las aguas.

La dieta y abstinencia que regularmente se debe observar por todo género de enfermos es la siguiente. Después de tomados en ayunas los dos, tres o cuatro cortadillos del agua de la fuente, se desayunará el enfermo (pasada hora y media de la bebida) con su chocolate, o con aquel alimento que haya usado en el estado de su sanidad. El desayuno ha de ser leve, y los que están acostumbrados a comer carnes por la mañana las deben dejar y componerse con unas sopas de la olla, un huevo, un bizcocho u otra cualquiera pasta ligera y digestible. El vino también lo han de dejar por la mañana, y en su defecto pueden beber un poco de agua, como medio vaso de la misma fuente o del agua usual. Tomado este corto alimento, no volverá a comer ni a beber hasta el mediodía y el que no estuviere acostumbrado a desayunarse, debe seguir su costumbre, y no tomar alimento alguno más que el agua.

Después de haber pasado el desayuno, jugará, paseará, oirá leer algún libro entretenido, como dije antes, y finalmente, no se debe acordar del trabajo, del mal, ni de cosa que pueda producirle enojo, pesadumbre ni alteración alguna en el espíritu.

Al mediodía comerá un puchero de carnero, vaca o gallina con pocas especias, sin chorizo, morcilla, ni otra cosa de puerco más que aquel pedacillo de tocino que para sainete se echa en todas las ollas. Las berzas, repollos y otras verduras fuertes también se debe abstener de ellas el enfermo; y lo más que se le puede permitir que se ponga en el puchero es un poco de apio, escarola o lechuga. Si quiere, y está acostumbrado, puede comer algo de asado, y por postre un poco de conserva, o algunas pasas, huyendo de todas las frutas frescas, leches y ensaladas, y de todos los ácidos y picantes, como la pimienta, limón y los demás que conoce cualquiera racional medianamente instruido. El vino se ha de excusar cuanto sea posible; de modo, que lo más oportuno es no beberlo, pero el que esté acostumbrado a él, no debe dejarlo absolutamente, pero será preciso que beba solamente la mitad o la tercera parte de lo que bebía en el estado de la salud. El agua que ha de ser con moderación, y por ningún accidente ha de estar fría de nieve, aunque la haya usado continuamente, fresca del sereno o a media nieve ha de ser como la debe tomar. Lo más importante será beberla del tiempo, menos en el Estío, que entonces es razón permitirle alguna frialdad, o la de la media nieve, o la del sereno. El que pudiere acomodarse a beber el agua de la fuente entre la comida, va más seguro y logrará mejores operaciones; y especialmente los viejos, los demasiadamente opilados y obstruidos, a estos es casi temeridad permitirles más agua que la de esta fuente, la que deben beber a todo pasto todo el tiempo que durare la curación, y algunos o muchos días después de concluida. En el dormir o no la siesta seguirá cada uno su costumbre, que este es el precepto más racional y más acomodado.

A la tarde, pasadas siete u ocho horas después de la comida, refrescará templado o con agua de la fuente, o con otra de las usuales, y no debe tomar ni chocolate ni otras golosinas, porque cualquier cosa de substancia impide la buena distribución del agua. Este refresco se puede hacer al pie de la fuente, porque allí es más oportuno: lo primero, porque han precedido tres cuartos de hora de ejercicio (que es lo que regularmente se tarda en llegar desde las posadas de Tamames a la fuente); y lo segundo, porque se toma el agua en su origen con toda su virtud y eficacia. Tanto a la ida a la fuente como a la vuelta al Lugar debe ser sin paseo violento ni carreras, sino moderado hasta empezar a sudar;

y procurar siempre la compañía de sujetos alegres, decidores y divertidos, que esta es otra medicina muy necesaria, y tan poderosa como el agua de la fuente.

Pasadas dos o tres horas después del refresco y ejercicio, se cenará moderadamente, guardando en todo la costumbre. Lo regular sea u otro puchero, o un guisado sin pimiento, pimienta, ni picantes, de carnero o gallina, pollos o pichones; una ensalada de escarola cocida, lechuga, apio, u otra de las digestibles y diuréticas, y finalizar con su poco de dulce de almíbar, y retirarse (después de pasado aquel tiempo en que cada uno esté acostumbrado) a dormir: de modo, que así en las horas del sueño como en las de la vigilia, en el uso de los alimentos y ejercicio se ha de observar en todo la costumbre, sin alterar en otra cosa que en la moderación y la dieta, y abstenerse de todos los alimentos contrarios y nocivos, así en la multitud como en la calidad que dejo ya tachados. Este modo de vivir, y regla que es la de un día, se debe observar en todos los que durase la curación y uso de las aguas; y muchos meses después de tomadas es preciso conservar la abstinencia y la dicha dieta, especialmente todos los que tomaren estas aguas para librarse de los cólicos humorales, perlesías, afecciones hipocondríacas, y otros achaques de su genio rebeldes y reversivos. Los que pasaren de cuarenta años, deben vivir medrosos siempre a estos achaques, por lo que deben observar el método de vida que está señalado, y abstenerse para siempre de los alimentos crudos, indigestos, del mucho vino y del agua de nieve. Importará mucho para huir de la reversión de los dichos achaques tomar algunos años estas aguas en más o menos cantidad, arreglándose a la mayor o menor copia de los humores y fuerza de los enfermos; porque continuada contra el regular periodo de estos achaques esta dulce y benigna expurgación, se recrea la naturaleza por la carga que se le quita y no dejando en sus entrañas materia abundante para la reversión, puede asegurar el enfermo una discreta esperanza de su salud.

Las reglas generales que hemos dado las ha de gobernar la prudencia, atendiendo las circunstancias del tiempo, de la edad, el temperamento, el achaque y la costumbre. En el tiempo de mucho frío y mucho calor han de ser menos las porciones de agua que se beban. Los niños y mancebos han de beber menos que los viejos. Las mujeres han de procurar estar limpias de sus purgaciones mensales cuando hayan de hacer los primeras diligencias y prevenciones que han de preceder antes de tomarlas. Los que padezcan cólicos humorales, indigestiones viejas, tumores contumaces, e hipocondrías rebeldes, han de beber más que los que padecen perlesía, vahídos de cabeza, y las opilaciones recientes. Finalmente, las dificultades que no se encuentren desatadas en este Librito, o las reglas y precauciones que no estuvieren determinadas, se han de solicitar del Médico prudente, pues es imposible ocurrir con los escritos a los casos que cada día se ofrecen, y a los consuelos que continuamente está buscando la melancolía y la aprehensión de los enfermos.

Prevengo también que no es embarazo alguno para beber estas aguas el que los enfermos padezcan algo del humor gálico, ni que hayan tomado unciones, antes bien les será provechosísima (como no tengan calentura o alguna destemplanza notable en el hígado), porque el azufre y los demás medios minerales de que constan estas aguas, tienen virtud opuesta a la calidad venérea, porque por efecto vemos que adelgazan, licúan y resuelven los humores, y de este modo se cura el morbo gálico; además, que también accidentalmente, y por razón del ejercicio provocan al sudor, y éste con las demás evacuaciones de cámara y orina son poderosos para desterrar del todo cualquiera infección gálica, como no sea de aquellas radicadas absolutamente en el hígado, o como las corrupciones de hueso, talparias fuertes, y llagas corrosivas, originadas de humor calidísimo y mordaz, que éstas si se curan es a beneficio solo del mercurio, y no de otra suerte. Yo creo que con estos avisos he dado ya un prudente gobierno, y un seguro método para lograr el alivio y la exterminación de las enfermedades expresadas, quiera Dios que corresponda la doctrina a la sana intención con que la he escrito.

De las aguas de Ledesma, su situación y partes de que vienen inficionadas

Con justa razón tienen las aguas de Ledesma el nombre y la fama de las mejores del Reino, porque en virtudes y facultades exceden a cuantas corren con el crédito de provechosas y felices. Son universalmente conocidas y experimentadas por todos los Médicos de España, y es su virtud y actividad un menstruo disolvente el más poderoso para desvanecer muchos de los achaques que se hacen rebeldes en el cuerpo humano. Nacen estas aguas en un valle a las orillas del río Tormes, distante seis leguas de Salamanca, y casi dos leguas de Ledesma, de donde sin duda (por la mayor cercanía) han tomado el nombre de aquella Villa, y no el de aquesta celebrada Ciudad. Vienen a verterse a un dilatado estanque por una canal bastantemente espaciosa, y uno y otro son artificiales. El estanque es capacísimo y muy oportuno para recibir en él los baños los enfermos; pero aunque está cubierto de bóvedas de ladrillo por arriba, no tiene todo el abrigo necesario para las operaciones del sudor. Salen las aguas al dilatado estanque donde reciben los baños los enfermos cálidos y fuertes, con más que moderado calor; de modo, que a la boca de la canal no se puede sufrir en la mano el calor que producen las aguas recibidas en ella. En el baño está más remiso y tolerable, porque se evaporan y desatan muchas de las partículas del azufre que rodea estas aguas, y el comercio del aire sosiega su tumultuoso movimiento. El olor que despiden en el tránsito es de azufre solo, y éste se percibe a la boca de la misma canal cuando vienen agitadas las aguas; pero después que el aire las templa pierden aquel olor, y quedan como las demás aguas regulares. El sabor y el color en el estado de calientes es también al azufre, pero después de frías se despojan de todos estos accidentes y condiciones, y quedan desabridas, descoloridas y potables; de tal suerte que se pueden usar a todo pasto, porque habiéndolas sujetado al peso y a las demás experiencias que acreditan su bondad, se ha observado que son más delgadas, puras y fáciles que las del río Tormes; siendo constante que las de este río son las más tenues, sutiles y cristalinas de España.

Además del azufre que tienen estas aguas, contienen bastante porción de betún, el que se deja reconocer en el graso, que nada sobre ellas, y en el que dejan pegado a la boca y cañón de la canal, el cual es de una corporatura tan abultada y conocida, que no deja razón alguna para dudar de su naturaleza. En el hueco del cañón por donde se desguazan van dejando un sarro o crasitud espumosa, que tiene la solidez casi de los linimentos; y en éste se perciben más claramente los dos minerales del betún y el azufre; y esta espuma por sí sola, y acompañada de algunas rasinas y ungüentos apropiados (como diré en adelante), sirve para la curación de muchas dolencias. Además de estos dos principios se reconocen y presumen en estas aguas algunas partículas marciales y de yeso, las que descubren cada día las operaciones del fuego, el alambique, y los continuados y famosos efectos con que corresponden a la intención de los que las recetan y reciben. Retiénense estos minerales en dichas aguas en vapores sutilísimos, prontos al desvanecimiento, porque no las inmutan substancialmente, ni perseveran en ellas sino muy de paso. Reconócese esta poca permanencia en el mismo azufre, porque al tiempo de colarse el agua desde el cañón al baño o estanque, como viene caliente y agitada, se deja percibir notablemente del olfato, así el azufre como algo del betún; pero después que se enfrían y serenan, no dan olor alguno, ni otro indicio que haga presumir la existencia de sus minerales. El betún se ve sobre las aguas, pero no se mezcla con ellas si no es en átomos muy sutiles, los que después de frías se desprenden y se ven nadando en la superficie. Finalmente ellas cuando frías están despojadas de todos los átomos y partículas sulfúreas, marciales y bituminosas, y quedan al gusto y al olfato tan simples e inocentes como otra cualquiera agua de los ríos limpios, sin color, olor ni sabor. Por esta razón debemos creer que se disipan y desvanecen con facilidad y prontitud estos minerales; y que solamente las podemos usar y llamar medicinales, cuando vienen cálidas desde su nacimiento, y no después que se enfrían y serenan.

Así estas aguas como las de Tamames, Arnedillo y otras fuentes, que comúnmente recetan los Médicos, deben tomarse, ya sea en baño, ya en bebida, ya en la estufa al pie de la fuente y a la boca de la canal, porque todas ellas en llegando a reposarse y a enfriarse, pierden mucho, o por mejor decir, el todo de su actividad. Desvanécense las partes útiles y volátiles con el ambiente, que son las que hacen toda la operación en los cuerpos, porque sirven de abrir poros, y colarse con sutileza por las entrañas, purgando de ellas las materias que producen las enfermedades y opilaciones;

y los demás minerales más pesados no pueden introducirse, ni ejercitar sus virtudes. Suelen los Médicos mandarlas conducir a sus enfermos, y hacer que las beban calentándolas al fuego; y esta diligencia sirve en mi juicio de muy poco, porque muchas partes se evaporaron y desvanecieron en la conducción, y las que quedaron impactas en el agua se acaban de disipar con el fuego; además, de que aquel calor artificial no es tan virtuoso como el que ellas producen de su natural movimiento, o como el que reciben del Sol cuando las recalienta, porque así en la agitación como en la entrada y comercio con el Sol adquieren nuevos átomos, y se exaltan más poderosamente los contenidos. Finalmente concluyo con la experiencia, asegurando que no se pueden llamar medicinales, ni tener confianza en las aguas frías de cualquiera fuente que sean, y que todas se deben recibir y beber en su origen, y al tiempo de salir de sus bocas, y de este modo aprovechan; y usándolas reposadas, frías, o recalentadas artificialmente no pueden hacer beneficio sensible a los enfermos.

De las enfermedades que se curan con los Baños de las aguas de Ledesma, y para qué enfermos son dañosas

Siendo indubitable que estas aguas contienen mayor porción de azufre que de los demás minerales, es también cierto que servirán para la misma idea de achaques y afectos que las de Tamames. La diferencia que se advierte es, que solamente se distinguen en el modo de evacuar los humores, porque la de Tamames los precipita por cámara y orina, y las de Ledesma por sudor. Una y otra pueden hacer y servir para el mismo fin de evacuar; porque la de Tamames hiciera sus operaciones por el sudor, y la de Ledesma por cámara y orina, bebiéndola como la de Tamames. En esta fuente no hay capacidad, conveniencia ni caudal de agua para poner a los enfermos en baños; y en la de Ledesma no hay costumbre de darla por la boca, porque las evacuaciones por el sudor son allí más oportunas y menos impertinentes que las demás, así por la comodidad y copia de aguas como porque hay humores, y cuerpos menos rebeldes al sudorífico que al purgante.

Son estas aguas de Ledesma, ya bebidas, ya tomadas, como se hace regularmente en el baño, calientes y expurgantes en grado heroicos y muy tolerables por algún espacio de tiempo, calientan, desecan, disipan, confortan, y corroboran todas las partes vivientes. «Son estas aguas en mi sentir el agua de la vida y de la restauración contra todas las enfermedades nacidas de humores fríos y gruesos, consume todas las destemplanzas frías y húmedas, simples y compuestas; ablanda los nervios duros; sana hidrópicos; borra las llagas viejas húmedas; quita los tremores universales y los del cuello y la cabeza; molifica el hígado obstruido; socorre a los estómagos fríos, a nervios fríos y húmedos, y destruye los dolores ilíacos y cólicos, originados de flatos y frialdades. Destierra visiblemente a la perlesía, la parálisis, la epilepsia, y apoplejías periódicas. Cura los dolores del útero, y abre sus obstrucciones y las del mesenterio, y de toda la primera región; quita las purgaciones blancas; llama los meses detenidos, provoca el apetito, y a la virtud digestiva; sana las palpitaciones, caquexias, tumores edematosos, hernias acuosas y flatulentas, los tofos incipientes a los tenesmos de causa fría, diarreas antiguas, los catarros fríos, la murmuración importuna de los intestinos, las pasiones histéricas; mata las lombrices, limpia los riñones y la vejiga, disipa los escirros, preserva de jaquecas, socorre a las calambrias, y vuelve la memoria perdida; contra las enfermedades cutáneas es el único auxilio porque salen del baño limpios los sarnosos, los leprosos blancos y negros, y los que padecen el prurito enfadoso. Infaliblemente produce fecundidad a las Señoras incapaces de parir por la destemplanza fría y húmeda del útero, o de partes principales, o de todo el cuerpo, o por cosa de flatulencia o debilidad en la retentriz. Es indubitable que destierra las bubas en primera especie, como continuamente se está experimentado, sin más preparación que haber tomado antecedentemente, o al mismo tiempo del baño algún Alexifármaco moderado; y finalmente quita las sorderas, el ruido de los oídos, la gota serena, la tos antigua, las ictéricas, las enfermedades venenosas, y todo el envaramiento de miembros.»

Aprovechan estos baños de Ledesma a todos los enfermos que padecen los referidos males por la misma razón que dejamos dicha en el tratado de las aguas de Tamames, sin otra diferencia que hacerse en el baño la expulsión de estos achaques por el sudor; y con el agua de aquella fuente por cámara y por orina. El espíritu del azufre contenido en unas y otras aguas es el que penetra los poros de los líquidos crasos y glutinosos, y los pone en una disposición más fluxible, y sublevada la naturaleza arroja de los lugares, en que están contenidas las materias crudas y perezosas, al ámbito y circunferencia del cuerpo por el sudor.

Son perniciosísimos estos baños a los que padecen erisipelas, destilaciones ardientes y saladas al pecho, a los que tienen flujos de sangre, y a las mujeres que padecen el flujo uterino que llaman sangre lluvia; esputos sanguíneos y tísica, porque estas aguas abren las bocas de las venas, y viene el mayor flujo de sangre; a los que con facilidad incurren en disenterías o diarreas, a los que padecen cualquiera casta de calenturas, a los que son afectos a la alferecía, y a los que padecen convulsiones, tremores y dolores originados de la cólera; a los que padecen la especie de escorbuto caliente, reumatismos y dolores articulares, producidos de un suero ardiente, mordaz y colérico, y a los que padecen la enfermedad calculosa también se les debe privar absolutamente de estos baños; y finalmente los que tengan los líquidos muy tenues, ardientes, azufrosos, y las fibras encrespadas, tensas, y violentamente tirantes, todos estos sujetos deben huir de semejantes baños, y solicitar los dulces del agua del río. Son perjudiciales en dichas dolencias estos baños, porque el espíritu del azufre es sutilísimo y ardiente, y tan poderosamente irritante que encrespa y tira con notable fuerza los sólidos y fibras, y desata y funde en tanto grado los líquidos, que pone al enfermo en la angustia de dar en una inflamación terrible, o en una de las colicuaciones irremediables.

Anda una fortísima controversia entre los Médicos, sobre si se deben recetar estos baños a los bubosos y a los que hayan tomado unciones; y la resolución que tiene mejor partido y más secuaces es, que no estando muy radicado el humor gálico, y siendo de condición dócil, se pueden recetar; y que serán provechosos dichos baños para desterrar las reliquias de este humor, especialmente de aquellos sujetos que tomaron anteriormente el palo santo, china, azogue y zarza; porque lo que suele permanecer en los cuerpos después de esta curación suelen ser algunos dolores en los artejos, algunos tumores escirrosos y durezas cercanas a los nervios; dificultad y torpeza en las partes que sirven al movimiento, y todas estas enfermedades se ablandan, atenúan, corroboran y resuelven, no solo con el agua del baño, sino también con la grasa que queda en el cañón. Dicen también muchos Médicos prácticos que se pueden recibir estos baños, y que sanarán con ellos los bubosos de cualquiera especie, tomando al mismo tiempo del baño el cocimiento del palo santo, raíz de china, zarza, etcétera, porque estos cocimientos desarraigan la cualidad maligna venérea, y los baños la resuelven y evacuan los humores malignos; y finalmente dicen, que el morbo gálico se cura con sudores, y que los baños de Ledesma es cierto que provocan el sudor, con que precisamente serán útiles. Además de que también vienen revueltas en estas aguas con el azufre muchas partículas mercuriales, y éstas es indubitable que son el único remedio de este mal; pues vemos que no se cura ni obedece a otra ninguna medicina. Los que han tomado las unciones pueden también (según buena práctica) tomar los baños para la curación de algún achaque o reliquia que haya quedado, especialmente después de haber pasado siete u ocho meses, y les serán muy convenientes; porque los baños avocan desde el centro a la circunferencia del cuerpo, y resuelven y consumen, no solo las reliquias del gálico sino también las porciones del Mercurio que suelen hacer notable molestia. Advierto finalmente que ningún enfermo buboso, o que haya tomado unciones se gobierne por su capricho, ni por lo que le digan los Bañeros, ni por estas razones que van expresadas; lo que debe hacer es consultar al Médico, que informado de la vejez, condición, y estado de las bubas determinará lo que le sea más conveniente. El enfermo que venga a tomar estos baños pase (si puede) por Salamanca que en esta Ciudad están los Doctores más sabios de España, y más prácticos en esta materia, y ellos le determinarán y recetarán lo más seguro.

De las disposiciones que han de hacer los enfermos antes de entrar en los baños

Algunos Médicos han puesto en conclusiones, y en disputas si son necesarias o no las evacuaciones universales antes de entrar en el baño, y se reduce a que unos dicen que sí y otros que no, y todo se queda en irresoluciones y gritos. Los que dicen que no son necesarias, solamente se gobiernan porque han visto entrar muchos dolientes al baño y salir sanos, sin las diligencias anteriores de la purga y la sangría. Lo que es indubitable entre los Médicos, es que no se pueden ministrar sin peligro manifiesto los medicamentos diuréticos, ni obstruentes sin preceder las evacuaciones universales; y yo por mi razón y experiencia aseguro que en unos enfermos son precisas las evacuaciones anteriores universales, como en los caquécticos, en los perláticos, paralíticos, epilépticos y otros de esta casta. A otros enfermos no es necesario evacuarlos, pues les basta para sacudirse de sus achaques las evacuaciones que produce el baño, tales son los leprosos blancos y negros, los sarnosos, tiñosos y otros de semejantes males cutáneos. En todo será conveniente consultar al Médico docto sobre si han de preceder algunas disposiciones que hecho cargo del achaque, la fuerza, rebeldía y copia del humor determinará lo más seguro. Luego que el enfermo prevenido, o no prevenido, llegue al lugar, solicitará oportunidad para poner su cama en la cuadra de los baños, porque si se queda fuera, como sucede a infinitos (porque siempre es muy numeroso el concurso de enfermos), se expone al peligro de resfriarse; y éste es el único motivo porque a muchos no aprovechan, antes suelen dañar gravemente; los sanos y los asistentes suelen enfermar por el mal modo y la mala disposición de habitaciones, porque como no caben en la cuadra ni en otras casillas vecinas, salen calientes y abiertos de poros a dormir al campo y a la ribera del Tormes, y se constipan y llenan de frialdades, o agarran otras enfermedades peligrosas; y si esto sucede al que va robusto, cuánto más se debe temer al que está enfermo. Hoy (gracias a Dios) están más extendidas, cubiertas y abrigadas las habitaciones, y se logran mejores esperanzas de salud, comodidad y asistencia para sanos y enfermos. El que pudiere tener colgada la cama, o abrigado el sitio de ella con algún cancel o tapices, será lo mejor, así por la decencia como para que se haga con más blandura y menos peligro la evacuación sudorífica.

Es necesario que el enfermo lleve consigo una ayuda, y algún poco de la benedicta, diacatolicón o jirapliega, o aquella composición que tenga más experimentada; porque es conveniente que el vientre ande solícito todos los días, y si anduviere perezoso (como suele suceder cuando se suda) se le despertará con esta medicina. Y se advierte que el enfermo no salga de la cuadra a hacer sus necesidades mayores ni menores, porque se exponen a evidentes riesgos, y más lograrán añadirse males que conseguir el alivio de los que padecen, para lo cual es necesario que el que pueda lleve su bacín, orinal, y todo cuanto sea útil, para no tener que salir de la cuadra a hacer diligencia alguna. Antes que el enfermo entre en el baño, procurarán tener a punto la ropa que se ha de mudar, y la sábana con que se haya de enjugar; porque si le da alguna congojilla, o es necesario extraer al doliente del baño luego que entre, no se atropellen los enfermeros y se embaracen, y con la turbación no dan con cosa, ni aciertan ni encuentran con lo mismo que tienen entre las manos.

Es preciso también que el que tenga medios lleve consigo algún poco de vino generoso para sorber por las narices, y darse en los pulsos y en las sienes si fuere necesario; y el vino que haya de beber que sea flojo. Llevará también algunos bizcochos para remojarlos en vino, así para antes o después de comer, como para tomar algún refrigerio, o al salir del baño o mientras suda, si el sudor es copioso y le produce algún desmayo. Llevará también algunas pasas, almendras, y alguna orcilla de dulce, porque estos géneros solamente se le deben permitir como golosina a los enfermos para postres de la comida, como diré en el párrafo que se siga a éste, donde espero escribir de la dieta que se debe observar. Las demás precauciones en orden a disponer el agua del baño, verter aquella que sirvió, y recoger agua nueva, cerrar las puertas del baño, separar los hombres de las mujeres, el modo de recibir los tullidos, los niños y otros impedidos, el tiempo que se han de detener en el baño, y otras disposiciones de esta naturaleza no pertenecen a los dolientes sino a los Bañeros, Médicos y enfermeros. Los que asisten allí, todos están muy diestros en estas disposiciones, con que es gastar tiempo detenernos a dar consejos ni lecciones.

Del tiempo y modo de recibir los Baños de Ledesma

Desde mediado mayo hasta mediado octubre son los días y estaciones más regulares, más seguras y más acomodadas para tomar los baños. En este tiempo están abiertos estos baños, y todo el resto del año están cerrados, porque no se pueden poner a los cuerpos enfermos en la angustia del sudor en los meses muy fríos o demasiadamente cálidos. Hechas las prevenciones dichas se dispondrá el enfermo en mayo o en junio a las cuatro y media de la mañana, y se echará una ayuda si no hubiere obrado, y después de haber hecho sus necesidades tomará un leve desayuno, como una jícara de chocolate, o dos yemas con un poco de azúcar, o dos bizcochos en vino, o unas sopas del puchero. Oirá Misa, que regularmente hay oportunidad para oírla; y si puede ser que se diga en el Altar de la cuadra del baño, para que no tengan que salir fuera los enfermos, será más conveniente; hechas estas diligencias entrará el doliente en el baño, según su graduación; porque allí primero entran las Señoras Religiosas, las Señoras Nobles, los Religiosos y Sacerdotes, después la gente plebeya, y los últimos los que tienen llagas, sarna, lepra, bubas y otros males asquerosos. Dentro del baño se detendrá en él hasta que empiece a aparecer el sudor en la frente, o hasta que le determine el Bañero, el Médico, Cirujano, u otro sujeto inteligente que sepa medir racionalmente las fuerzas del enfermo, la copia del humor, y las circunstancias del achaque. La detención en el baño, ni el número de baños que se han de tomar, no es asignable; porque unos necesitarán ocho, otros doce, y para algunos no son suficientes veinticuatro, porque esto lo ha de gobernar y dirigir la prudencia y juicio del enfermo y el Médico; porque la medicina no sabe, ni es posible señalar las cantidades de los medicamentos, sin tener presente el enfermo, la enfermedad y sus circunstancias. Pasado el tiempo que haya parecido conveniente en el baño, saldrá de él el enfermo, y por la parte más próxima a su cama se entrará con la brevedad posible debajo de su cancel, tapices, o apartamiento que hubiese hecho para tenerla con abrigo, aseo y decencia. Allí se desatarán prontamente los calzoncillos, enaguas o lienzos con que entró en el baño, y limpiándole con una toalla caliente, se meterá en la cama, y hará que lo envuelvan en una sábana caliente, que debe ya estar a prevención en la cama. Echará después encima de la ropa regular una manta o capa, o lo que pudiere sufrir sin fatiga, y beberá medio cuartillo de agua, cogida del cañón por donde se cuela al baño, y estará quieto, sudando una hora poco más o menos. El enfermero o asistente que lleve se estará a su cabecera para limpiarle el rostro de cuando en cuando para facilitar más el sudor; puede cubrir la cabeza con un gorro de lino o una toalla, y tener la ropa bien unida al cuerpo.

A las mujeres preñadas y los niños no se les debe dar tanta agua para beber, ni se les puede aplicar tan íntimamente la ropa, porque será exponerlos al peligro de encenderse demasiado o de sofocarse. Pasada la hora de haber sudado, se mudará una camisa caliente; y por cuanto es muy posible que prosiga el enfermo resudando ya porque la naturaleza está inclinada a esta evacuación, ya porque lo abrigado del sitio, y los vahos del agua y del azufre lo están continuamente provocando, puede mudarse dos o tres veces la camisa, cuando llegue el extremo de estar muy mojada o húmeda. Si en el tiempo del o sudor, o resudor el enfermo se inclinare a dormir lo podrá hacer; porque el sueño prohíbe todas las evacuaciones menos la del sudor y la de la expurgación mensal; antes bien en el sueño se suele sudar más copiosamente que en la vigilia. Cuando el enfermo sienta que el sudor no es muy copioso se limpiará muy bien, se pondrá camisa y su almilla, e incorporado en la cama, conversará con los enfermos que pueda, o con sus asistentes; y así irá pasando hasta la hora de comer. Previénese finalmente que si entre el sudor se hallare con alguna necesidad en el estómago, algún ahilamiento o desmayo, tomará algún bizcocho en vino, u otro leve reparo interior o exterior mientras llega la hora de hacer su comida. Si dentro del baño, o en el sudor le sobreviniese al enfermo algún deliquio, alferecía, gota coral, u otro accidente y desmayo de esta casta, se le sacará al instante; y si el Médico o Cirujano que asista conociere el movimiento de algún sudor diaforético o sincopal, ocurrirá luego a remediar dicho sudor sacándole del baño, y poniéndole en una sala, que hoy sirve también de enfermería, y le asistirá con los remedios oportunos, que para contra la malicia de estos sudores tiene la docta Medicina. Al mediodía puntualmente comerá el enfermo con aquella dieta regular, que se prescribe al que toma sudores, y con el modo que diré después, y procurará sosegar y dormir la siesta un poco, solicitando en todos los demás enfermos y asistentes el silencio, pues para todos será conveniente, y hechas las diligencias y operaciones expresadas, están concluidas las obras de la mañana.

El baño de la tarde se acostumbra dar (a los que tienen recetados dos baños al día) a las cuatro y media, o cinco de la tarde en los meses de mayo, junio, julio y agosto; y a las tres y media, o a las tres en septiembre y octubre, atendiendo siempre al concurso de enfermos para que todos logren el beneficio; y así muchas veces sucede que empiezan antes de estas horas determinadas a dar los baños; y cuando esto suceda comerán los enfermos una hora antes, para que esté celebrada la cocción del alimento; porque nunca es bueno entrar al baño con el estómago inquieto, o cuando prudentemente se presume no estar hecho el cocimiento de la comida. Tómase el baño de la tarde del mismo modo que el de la mañana, observando siempre que ha de ser menor la detención en él que en el de la mañana; entrará en la cama, y si conviene a la enfermedad, se tomará otro cuartillo de agua del baño, y se recogerá a sudar del modo que dejo advertido en el baño de la mañana. Los enfermos regalones y de poco mal, después que hayan tomado el baño, y sosegado un poco en la cama, se vestirán, y sin salir de la cuadra pasearán un poco; y si no resudan, y el tiempo está sereno y caliente pueden con seguridad salirse al campo, y solicitar la diversión, procurando el retirarse antes que sea muy de noche, porque el sereno ni el fresco es provechoso a los que sudan y se purgan. Entre siete y ocho de la tarde refrescará con agua del baño, y un pan de azúcar rosado; y si quiere, puede tomar su jícara de chocolate si tiene costumbre. Y si el estómago no le sufriere el agua del baño, la tomará del Río Tormes; pero sin nieve, solamente fresca del sereno. A las nueve o diez de la noche (guardando en todo su costumbre) tomará su cena, la que será leve, según diré en el tratado de la dieta. Se recogerá a dormir solicitando el silencio; y los Bañeros procurarán estorbar aquel ruido que hace el agua precipitada desde el cañón a las losas del baño, poniendo un cesto, una estera, u otro estorbo más blando que el de las pizarras.

Guardando este método, se proseguirán los baños seis, siete, o veinte días, según decretare la prudencia del Médico tocando la enfermedad; y después de recibidos los baños que se decretaren, se estará el enfermo dos o tres días en la sala, que está fuera de la cuadra fortaleciéndose, y estorbando el daño que le puede producir el aire o el ambiente. Suele (después de tomados tres o cuatro baños) sobrevenir a los enfermos ardor de orina, demasiado sudor simpcóptico o diaforético, deliquios y desmayo, demasiada sed, inflamación de todo el cuerpo, postración del apetito, restricción rigorosa de vientre, intenso dolor de cabeza o grave peso en ella, ardor en las entrañas, flujo de vientre, y otras desazones, y si cualquiera de estos accidentes le acometieren, suspenderá tomar los baños hasta que se halle libre. Las mujeres entrarán al baño después de estar absolutamente limpias de la evacuación mensal, y si en el tiempo de los baños las repitiese tal evacuación, los suspenderán hasta que se vean totalmente libres. Lo mismo digo a los que fueren acometidos de erisipelas, flujo de sangre u oftalmías, que todos estos enfermos no deben repetir, ni continuar los baños. Los que dentro del baño no pudiesen sufrir el enfadoso olor del azufre, pueden llevar en la mano algún aromático, o un lienzo mojado en vino blanco generoso, agua rosada o de azar, que esto basta para oscurecer el mal olor del azufre, y al mismo tiempo se engendran en el celebro loables espíritus, que confortan no solo la cabeza sino todo el cuerpo. Estos son los trabajos y diligencias todas del primer día, las que se deben continuar y repetir en todos los días siguientes hasta cumplir aquel número de baños y de días, que haya decretado el Médico o el Bañero, que estos hombres están tan advertidos de la mucha práctica, que se les debe obedecer como al mismo Físico. Algunos Autores aconsejan que los tres días primeros no se tome más que el baño de la mañana, porque suele producir la novedad repentina alguna alteración. Otros Autores que ignoran la energía y virtud poderosa de estos baños, aconsejan que se puede detener el enfermo hora y media, y aun dos horas en ellos; yo les ruego que por ninguna cosa se haga semejante disparate, porque es sumamente perniciosa esta detención, y se expone el enfermo a perder la vida, acometiéndole un sudor diaforético o sincopal, una héctica, y otros muchos deliquios y accidentes imposibles de atajar por las fuerzas de la medicina.

En orden al modo de recibir los baños, tengo poco que advertir, porque los Bañeros están muy prácticos en la forma, delicadeza y arte con que se han de portar con los enfermos de todas castas. No obstante, por no dejar imperfecto este tratado, diré brevemente que los enfermos que pueden entrar por su pie, se pasearán por el baño, acercándose de cuando en cuando al cañón para recibir el agua más caliente, y después de haberse detenido un cuarto de hora, o a lo más media hora, según fuere la pereza de sus achaques, y el poder de sus fuerzas, se saldrá a la cama. A los enfermos estropeados, tullidos y baldados los conducirán en brazos hasta el baño, y poniéndolos unas toallas o lienzos por bajo de los brazos, y que salgan por cima de los hombros, los podrán nadar con comodidad suya y menor trabajo de los Bañeros. Y advierto que no saquen a esta casta de enfermos a la primera vuelta, porque si los sacan cuando los humores empiezan a calentarse y a moverse, les hará más daño que provecho; y estos tullidos, mancos y baldados necesitan mayor detención en el baño que otros enfermos, y aproximarlos más al cañón. A los niños los bañarán en lo más apartado del cañón, y lo mismo a las mujeres preñadas, sentándose alguna persona de su cariño en las gradas del baño, en donde el agua no está tan caliente. Ni los deben meter de golpe, sino poco a poco. A éstos los detendrán muy poco en el baño, y no se les debe dar otro baño que el de la mañana, porque como son sus carnes más blandas y más expuestas a la resolución, y de calor tan intenso, se exhalan prontamente y quedan en el peligro de que se les pegue una calentura héctica. A las mujeres preñadas se les tratará con el mismo cuidado y delicadeza que a los niños, por el peligro del aborto, y el de caer en otras enfermedades.

Suelen venir a los baños algunos enfermos fatuos y pasmados, otros que padecen una total pérdida y turbación en la memoria, y muchos que son acosados de apoplejías periódicas y morbos caducos originados (como regularmente sucede de causa fría); a estos tales debe acompañarlos el Bañero, y todo el tiempo que los detengan en el baño, lo estará exprimiendo sobre la cabeza una esponja que remojará en el agua del baño, y continuará muchas veces esta diligencia. A todos los que padecen afectos capitales y hemicráneas procedidas de humores fríos, aprovechará este modo de baño sobre la sutura coronal con la esponja; pero es preciso examinar antes, si padecen destilaciones al pecho, porque si las padecen actualmente o las han padecido, no se puede ejecutar este remedio, porque se pueden colicuar los humores, y los pueden sofocar o producir otros daños incorregibles. Otros enfermos llegan a los baños sumamente flacos, llenos de dolores en piernas y brazos, con tumores edematosos, y que por su pesadez no se atreven a tomar los baños universales; a éstos, pues, se les darán los baños que llaman secos, que son del modo siguiente. En habiéndose evacuado toda el agua del baño, después de haberse bañado todos los enfermos, se bajarán abajo y meterán las piernas y brazos en el mismo cañón, y sufrirán el calor del agua todo el tiempo que pudieren, y no necesitan de mudarse ni mojar más parte del cuerpo que la dolorida. Para hacer este baño, es preciso haberse evacuado anteriormente, porque éste solo sirve para repurgar las reliquias de los humores, y para fortificar aquellas partes débiles y tumorosas; y evacuada la causa antecedente es muy seguro este modo de bañarse.

De la dieta que se debe observar al tiempo de tomar los baños y después

En los tratados antecedentes, así de las aguas de Tamames como en la de estos baños, dejo insinuado el modo de conducirse los enfermos en orden a la comida y bebida; pero ahora con mayor claridad voy a decir cuanto deben observar. A las cuatro y media de la mañana o las cinco se dispondrá el enfermo para entrar al baño. Procurará obrar naturalmente, y si el vientre anduviere perezoso, lo despertará, como dije antes, con una ayuda. Se desayunará con chocolate, el que pudiere y estuviera acostumbrado a él, y el pobre tomará unas sopas del puchero, un huevo, u otra cosa ligera y digestible. Después de dos horas del desayuno entrará en el baño, y se detendrá en él el tiempo oportuno, según sus fuerzas y sus humores. Saldrá a sudar a la cama, y a las once y media u doce comerá. La comida se reducirá a un puchero de carnero y gallina, cocido en el agua del baño, y si el enfermo tiene algún asco, se le dará el gusto de cocerlo en el agua del río, pues por esta circunstancia no dejará de conseguir la salud. Puede comer también de algún pollo asado, u de otra ave con moderación. La bebida será poco vino y ligero, porque el vino fuerte y demasiadamente espirituoso solo se ha de gastar para oler y para remojar los pulsos; el agua que beba (si el estómago no se enfada) ha de ser del baño, y cuando no pueda sufrirla por el hedor del azufre, beberá la del río Tormes, pero cocida con una raja de canela y un poco de anís; y concluirá su comida con unas pasas, almendras u otros desecantes, o un bizcocho en vino, y nada más; y éste es el régimen que debe seguir el enfermo rico y acomodado. Los pobres se ingeniarán como pudieren, procurando siempre arrimarse en lo posible a esto, y los demás preceptos en orden a tomar el baño, guardar el sudor y la dieta.

Concluida la comida, conversará alegremente media hora, y después se recogerá a dormir un poco, guardando la regular costumbre que haya tenido en el estado sano en orden a no dormir, o dormir mucho o poco la siesta. A las tres y media o las cuatro tomará el segundo baño el que estuviere condenado por el Médico a recibir dos baños al día; y el que no tomare más que el de la mañana, se vestirá, y si el día estuviere templado y no sudare se paseará un poco por la ribera del Tormes o en la sala, y antes de anochecer se retirará a la cuadra del baño, y tomará su refresco de agua del baño, o de la cocida del Tormes con la canela; y si el enfermo fuere de los que tienen bubas o algo de gálico, se le cocerá con la raíz de quina; y advierto que nunca la beban de nieve, sino solamente serenada. El que estuviere acostumbrado a tomar chocolate, o un bizcocho en vino, lo podrá hacer y abstenerse de las demás golosinas. Después de beber conversará, jugará u gastará las horas que faltaren hasta la cena divertido en lo que más le acomode, huyendo siempre de fatigar la cabeza, y de revolver la imaginación. Pasadas dos o tres horas del refresco, según la costumbre de cada uno, se seguirá la cena, la que ha de ser muy ligera, esto es, un poco de asado, o un picadillo, un par de huevos frescos, y los postres regulares de las pasas, almendras, o algún dulce o bizcocho en vino, y retirarse a sosegar y a dormir hasta el día siguiente, en el que se ha de observar el mismo rigor de dieta. Esta es la que se debe guardar en el tiempo que se toman los baños y algunos meses después, considerando el enfermo su agilidad, su mejoría y sus fuerzas. Los que tomaren los baños por el Otoño, están obligados a tener esta dieta todo el Invierno, y a huir de los aires fríos y las lluvias, y todas las frialdades del temporal. Los que toman los baños por la Primavera no están sujetos a guardar tan rigoroso método, y pueden pasearse todo el Verano sin peligro, antes bien con muchísimo provecho, porque el ejercicio servirá para acabar de exterminar las reliquias de sus achaques.

Será importante a muchos de los que tomen el baño conducir a sus casas algunos cántaros de agua de los baños bien cubiertos, y beberla a todo pasto, que de este modo se resuelven muchas reliquias que quedan de los humores fríos y perezosos; y esto mismo convendrá también a los que hayan bebido el agua de Tamames. Y los que padecen opilaciones ligeras, las pueden beber a pasto unas y otras aguas, aunque no hayan tomado los baños ni hayan bebida en su fuente las de Tamames; pero deben observar mientras la beban la dieta prescripta. También convendrá que luego que el enfermo haya tomado los baños, descanse cinco o seis días, y tome después algún purgante benigno, o algunos jarabillos, especialmente los de Luis Rodríguez, para expurgar algún material grueso que haya quedado, que éste será el medio único para no esperar ni temer la recaída; pero esta diligencia se deberá ejecutar con el consejo del Médico, y no de otro modo, porque a bulto, sin tratar el enfermo, no se puede dar regla segura ni tasar cantidades.

He notado que muchos enfermos, especialmente de los que viven en las cercanías de Salamanca, envían por tres o cuatro cargas de agua de los baños para tomarlos dentro de su casa; yo nunca he aprobado este método por las razones que dejo dichas, y porque nunca pueden ser provechosos estos baños, porque el agua en el transporte pierde mucho del espíritu del azufre, y al tiempo de calentarla para repetir los baños, pierde mucho más, porque con el fuego se evaporan y disipan las partículas útiles; y finalmente no queda nada de su virtud. Pero si la necesidad fuere tan urgente que se vea el enfermo precisado a bañarse en casa, mandará echar cada día en el agua del baño de madera o cobre seis u ocho onzas de azufre, que éstas pueden recobrar mucho del que pierden las aguas en el porte y en el fuego; y observará todo el tiempo que se bañare, y mucho después la dieta que llevo expresada.

Debo advertir para consuelo de los enfermos, que no se contristen ni desesperen de su salud, si no se sienten buenos después de recién salidos de los baños, porque como el medicamento es tan fuerte, y altera en tanto grado a la naturaleza, no puede ésta hasta que se recobre dar señales de la bondad de las evacuaciones. Suelen quedar flacos, lánguidos y sin fuerzas, porque en el sudor se pierden también muchas partículas balsámicas, y del suco nutricio, y éstas no se recobran si no es a poder de días, y con la buena regla. Los movimientos del cuerpo precisamente han de estar remisos, y por consiguiente las demás acciones naturales, vitales y animales; pero la naturaleza descargada del principal enemigo del humor, poco a poco vuelve sobre sí, y logra la robustez.

De la grasa que viene mezclada con el azufre, y agua de estos baños

En el cañón por donde se desguazan estas aguas al baño dejan pegado al pasar una grasa de bastante cuerpo, bien que es espumosa y con solidez cuasi de los linimentos. Esta dicen que es lo butiroso o mantecoso del mismo azufre; atribuyen a ésta admirables curaciones, y es cierto, porque es tan resolutiva y molificante como las aguas del baño. Los Bañeros recogen esta grasa, poniendo una escoba grande y nueva de valceo dentro del caño, y sin que haga detención el agua, se va dejando al tránsito en las barbas de la escoba aquella untuosidad o grasa. Después de estar bien untados los ramillos o barbas de la escoba, la sacan y exprimen en una vasija, y la dan a los enfermos paralíticos, para que unten las partes paraliticadas. Corrómpese con mucha facilidad esta grasa, y despide de sí un hedor intolerable, y éste se oscurece mezclando en la vasija un poco de aguardiente, que además del provecho de confundir las exhalaciones hediondas, tiene el de dar más fuerza y virtud a dicha grasa. Para que los enfermos usen con felicidad de ella, es preciso que la traigan a su casa cuando salen de los baños en un barril angosto de boca y bien cerrado, mezclarán en ella el aguardiente o el aceite de zorro o marciaton, u otro de los aceites apropiados a la enfermedad que padezcan, y ungirán los miembros baldados al tiempo de irse a recoger, y por la mañana antes de levantarse, y abrigarán las partes o miembros untados con la piel del zorro, o con un vellón de lana sucia. Esta untura es admirable para resolver, consumir y corroborar las partes débiles y paraliticadas. Sana los tumores envejecidos, acaba de remover la lepra, sarna y otros males cutáneos, y finalmente ayuda y corrobora a todas las partes que han contraído alguna debilidad por causa fría. Sirve también, y es utilísima esta grasa para moderar y resolver los dolores de los artejos y huesos, los tumores escirrosos, y las durezas próximas a los nervios, la dificultad y torpeza en las partes que sirven para el movimiento, y cualquiera dolor o estupor, y pasmo que haya quedado en los cuerpos de causa fría, o de raíz gálica. Creo que no se me olvida circunstancia alguna de las útiles al conocimiento, bondad, virtud, modo y disposiciones que son oportunas para tomar las aguas de Tamames y baños de Ledesma. Quiera Dios que haya acertado, de modo que ceda en alivio de los pobres enfermos.

Libros a la carta

A la carta es un servicio especializado para
empresas,
librerías,
bibliotecas,
editoriales
y centros de enseñanza;
y permite confeccionar libros que, por su formato y concepción, sirven a los propósitos más específicos de estas instituciones.

Las empresas nos encargan ediciones personalizadas para marketing editorial o para regalos institucionales. Y los interesados solicitan, a título personal, ediciones antiguas, o no disponibles en el mercado; y las acompañan con notas y comentarios críticos.

Las ediciones tienen como apoyo un libro de estilo con todo tipo de referencias sobre los criterios de tratamiento tipográfico aplicados a nuestros libros que puede ser consultado en Linkgua-ediciones.com.

Linkgua edita por encargo diferentes versiones de una misma obra con distintos tratamientos ortotipográficos (actualizaciones de carácter divulgativo de un clásico, o versiones estrictamente fieles a la edición original de referencia).

Este servicio de ediciones a la carta le permitirá, si usted se dedica a la enseñanza, tener una forma de hacer pública su interpretación de un texto y, sobre una versión digitalizada «base», usted podrá introducir interpretaciones del texto fuente. Es un tópico que los profesores denuncien en clase los desmanes de una edición, o vayan comentando errores de interpretación de un texto y esta es una solución útil a esa necesidad del mundo académico.

Asimismo publicamos de manera sistemática, en un mismo catálogo, tesis doctorales y actas de congresos académicos, que son distribuidas a través de nuestra Web.

El servicio de «libros a la carta» funciona de dos formas.

1. Tenemos un fondo de libros digitalizados que usted puede personalizar en tiradas de al menos cinco ejemplares. Estas personalizaciones pueden ser de todo tipo: añadir notas de clase para uso de un grupo de estudiantes, introducir logos corporativos para uso con fines de marketing empresarial, etc. etc.

2. Buscamos libros descatalogados de otras editoriales y los reeditamos en tiradas cortas a petición de un cliente.

Printed in Poland
by Amazon Fulfillment
Poland Sp. z o.o., Wrocław
18 June 2026

ba13086f-f81c-4efd-bfcc-f1fe1e372b69R01